新型职业农民技能培训丛书
新型职业农民中等职业教育教材

"阳光工程"培训

农用物资营销

唐仲明　王　宁　郑爱红
刘　霞　郑　军　吕厚萍　编著

山东科学技术出版社

图书在版编目（CIP）数据

农用物资营销/唐仲明等编著. —济南:山东科学技术出版社,2014

（新型职业农民技能培训丛书）

ISBN 978-7-5331-7283-1

Ⅰ.①农… Ⅱ.①唐… Ⅲ.①农业生产资料—市场营销学 Ⅳ.①F762

中国版本图书馆 CIP 数据核字(2014)第 042205 号

新型职业农民技能培训丛书

农用物资营销

唐仲明 等编著

出版者:山东科学技术出版社

地址:济南市玉函路 16 号

邮编:250002 电话:(0531)82098088

网址:www. lkj. com. cn

电子邮件:sdkj@ sdpress. com. cn

发行者:山东科学技术出版社

地址:济南市玉函路 16 号

邮编:250002 电话:(0531)82098071

印刷者:山东人民印刷厂

地址:莱芜市赢牟西大街 28 号

邮编:271100 电话:(0634)6276022

开本: 720mm × 1020mm 1/16

印张: 9.25

版次: 2014 年 7 月第 1 版第 1 次印刷

ISBN 978-7-5331-7283-1

定价:17.00 元

前 言

要实现农村社会和谐稳定发展，重点在农业，难点在农民。促进农业发展，加快农民奔小康的步伐，关键在于提高农民素质。促进农民工素质提高，造就新型农民，对建设新农村意义重大。

随着城乡一体化建设的逐步推进和农业产业化的快速发展，农村技能培训已成为农民就业致富的一条重要渠道，要不断提高农民自我发展能力，培养有文化、懂技术、会经营的新型农民。新型农民培训应该向3个方面发展：第一，促进农业科技化，关键在于加快农业科技创新，加快农业科技成果的转化应用，使新型农民用先进的技术和装备推进农业现代化。第二，带动农业产业化，农业是一个系统工程，产前、产中、产后是一个整体链，需要以市场为导向，以经济效益为中心，形成具有区域性特色的农产品专业化生产。农民职业培训和教育通过对返乡农民工的培养，发现和培养农业产业化经营的应用型人才，从而全面提高农业产业化水平。第三，推进农业现代化，表现为新型农民对土地耕作、蔬菜栽培、果树种植、畜禽养殖新设备和新技术的应用。

本丛书选取了18种关注热点高、成熟度大、能切实给农民朋友带来效益的职业和技能，包括农业新型职业，如农产品质量监督员、农村信息员、农村经纪人、经济合作社管理、休闲农业经营等都是“三农”发展新趋势的产物，贯穿于“三农”的各个生产环节，发挥着日趋重要的作用，也赋予了“三农”新的动力和活力；农业产业创新发展需要的职业及技术，如乡村兽医、畜禽养殖新技术、果树修剪与管理、蔬菜栽培新技术等；农村乡镇企业、农民进城务工需要的技能和职业，如电工、钳工、农机修理员、电子装配工、砌筑工、月嫂等。以上这些新技能和新职业涉及“三农”的方方面面，也有城乡结合、过渡的含义。新型农民只有掌握了新的职业技能，才能适应新的农业生产发展形势的需要，才能成为城乡一体化发展的新的生力军。

本丛书强调以人为本的理念，遵循以灵活多变的培训形式取代规范理论教学模式的原则，具有理论与实践相结合的特点；内容涉及范围极可能广，让农民在有限的精力和时间内掌握尽可能多的有益信息；既立足于现在，又着眼于未来；考虑到农民的文化素质，本丛书力求通俗易懂。真心希望本丛书能够成为农民谋求一技之长，提高技能水平，了解农业产业发展形势，进而发家致富的良师益友。

本丛书可作为新型职业农民中等职业教育教材使用，旨在培养适应现代化发展和新农村建设要求的新型职业农民。

由于我们水平有限，加之农业技术和水平发展迅速，书中难免存在错误和欠妥之处，恳请广大农民朋友们提出宝贵意见，以便改正和更新。

编者

目 录

第一章 农资及农资市场

第一节 农资的概念和种类

一、农资的概念

农资是农业生产资料的简称，是农户或农业企业从事农、林、牧、渔各业生产所必需的物质资料的总称，是农业生产发展的物质基础，是实现农业现代化、加快农业发展、提高农业生产力不可缺少的物质条件。在我国现阶段农业生产所需的生产资料，除自然资源及农业本身自给部分外，绝大部分是通过商品交换形式由工业、农机、物质和商业等部门供应的。

二、农资的种类

农业生产资料主要包括种子、化肥、农药、农膜、农用能源、农机具、饲料、兽药等，它是农资市场营销中重要而有效的硬件手段。市场化程度较高、市场交易量大、与生产者关系较为密切的常用农业生产资料有以下几种：

1. 种子

《中华人民共和国种子法》所称种子，是指农作物和林木的种植材料或者繁殖材料，包括籽粒、果实和根、茎、苗、芽、叶等。常见的有大田作物种子如玉米、高粱、水稻、大豆、甘薯等，蔬菜作物种子如白菜、西红柿、芸豆、黄瓜、萝卜等，果树苗木如葡萄苗、桃苗、苹果苗等，园林花卉苗木等。

2. 农药

《中华人民共和国农药管理条例》所称农药，是指用于预防、消灭或者控制危害农业、林业的病、虫、草和其他有害生物，有目的地调节植物、昆虫生长的，化学合成或者来源于生物、其他天然物质的一种物质或者几种物质的混合物及其制剂。

前款农药包括：预防、消灭或者控制危害农业、林业的病、虫（包括昆虫、蜱、螨）、草和鼠、软体动物等有害生物的；预防、消灭或者控制仓储病、虫、鼠和其他有害生物的；调节植物、昆虫生长的；用于农业、林业产品防腐或者保鲜的；预防、消灭或者控制蚊、蝇、蜚蠊、鼠和其他有害生物的；预防、消灭或者控制危害河流堤坝、铁路、机场、建筑物和其他场所的有害生物的。

常见杀虫剂有阿维菌素、高效氯氰菊酯、吡虫林、毒死蜱、甲维盐、氟虫腈、溴虫腈、丁醚脲等，杀菌剂有多菌灵、苯醚甲环唑、丙环唑、戊唑醇、代森锰锌、醚菌酯、甲基托布津、百菌清等，植物生长调节剂有多效唑、细胞分裂素、矮壮素等，除草剂有烟嘧磺隆、卞嘧磺隆、莠去津、精喹禾灵、苯磺隆、炔草酯、乙草胺等。

3. 肥料

《中华人民共和国肥料管理办法》所称肥料，是指用于提供、保持或改善植物营养和土壤物理、化学性能以及生物活性，能提高农产品产量，或改善农产品品质，或增强植物抗逆性的有机、无机、微生物及其混合物料。常见肥料有有机肥（如农家肥），N、P、K 三元复合肥（如撒可富），二元复合肥（如磷酸二氢铵），单一元素化肥（如尿素、磷肥、钾肥）等。

4. 饲料

《中华人民共和国饲料和饲料添加剂管理条例》所称饲料，是指经工业化加工、制作的供动物食用的饲料，包括单一饲料、添加剂预混合饲料、浓缩饲料、配合饲料和精料补充料。本条例所称饲料添加剂，是指在饲料加工、制作、使用过程中添加的少量或者微量物质，包括营养性饲料添加剂和一般饲料添加剂。饲料添加剂的品种目录由国务院农业行政主管部门制定并公布。

5. 兽药

指用于预防、治疗畜禽等动物疾病，有目的地调节其生理机能并规定作用、用途、用法、用量的物质（含饲料药物添加剂）。如血清、菌（疫）苗、诊断液等生物制品；兽用的中药材、中成药、化学原料药及其制剂；抗生素、生化药品、放射性药品。

三、农资的特征

1. 品种多、规格多

仅国家审定品种就有上千个，国家登记农药品种上万个，肥料品种上千个，而且规格多样。

2. 占地大、不易陈列和码放

农资体积较大，多以袋装或瓶装、箱装，占地大，陈列和码放困难。

3. 技术含量高

农业生产是有生命再生产，农业生产资料作为农业生产的原料，其生产技术含量和应用的技术含量都比较高。

4. 季节性强、地域性强

不同地区自然条件差别较大，农业生产又有比较明显的季节性，农资产品也同样受到季节和地域的限制。

5. 售后服务困难

农资使用者多为农民，农村地域面积大，分布范围广，个体使用量小，素质参差不齐，技术服务困难。

6. 产地不一

随着农业生产的发展，国家对农业政策的调整和农资的市场化程度越来越快，农资企业迅速增加，生产的农资多种多样。国家对农资生产企业的门槛较低，生产企业分布在全国各地，农资产品各不相同。

第二节　农资市场

农资市场有其自身的规律和特点，只有充分掌握这些规律和特点，才能在农资市场营销中游刃有余。

一、农资市场的特点

农资市场是指按照农业生产资料产品性质划分的专业市场，是商品市场的重要组成部分。农资市场是商品交换的场所。农业生产资料市场的职能就是使各种商品顺畅流通，最大限度地满足农业生产的需要和供给。

农业生产资料种类繁多，按照产品的自然形态可划分为若干类市场，如化肥市场、种子市场、农药市场、农机市场、农膜市场、饲料市场、兽药市场等。

1. 农业生产资料的来源比较复杂

农业生产资料的来源，既有国内资源，也有国外资源，既有全国范围内的资源，也有地方范围适用的资源。

2. 农业生产资料需求的地域性、时效性比较强

不同生物的成长发育要与不同地区环境相适应，组织农业生产资料时要因地制宜。根据平原、山区、农区、牧区及人口耕地的多少，无霜期长短等不同地域特点，组织各种不同农资商品供应，不能搞一刀切，还要注意商品经济的地区，由于乡镇企业多，劳动力转移多，对农机需要更为迫切的特点。

农业生产具有较强的季节性，农资产品供应也是同样。农资商品供应必须坚持掌握季节性，及时供应，不违农时。在组织供应上宜早不宜迟，如农机具及其配件的供应必须赶在播收之前，对种子供应必须赶在播种之前。

多数农资的生命周期短，更新快，新产品多，尤其在科技进步日新月异条件下，新产品将不断代替旧产品，因此要及时发挥每种产品的优势。

3. 农业生产资料的技术性比较强

农资本身具有较强的技术性，不同的品种在使用、保管和维修上具有不同的技术要求。农资商品必须坚持供应与传授技术相结合的原则。

4. 农业生产资料的经营具有连续性和配套性

经营上的连续性和配套性是由农资的消费特性决定的，如供应种子，就必须有相应的化肥、农药、农机等配套，同时要保证周年供应。

5. 双重性

从购买目的上看，农资市场具有工业品市场属性，因为农业劳动者购买农资的目的是为了再生产。从购买行为上看，农资市场具有消费品市场的属性，因为农业劳动者多是非专业、分散、重复购买农资。

6. 易受外界影响

农资市场易受人为和自然影响。农资作为特殊的商品历来被政府严格管制，长期以来由国家专营，随着改革开放的深入才逐步放开。但与洗化、家电等商品相比，农资受国家政策法规的影响仍然较大。由于农业生产劳动受天气制约很大，用于农业生产劳动的农资必然受自然影响很大。

7. 储运要求高

农资中的化肥、农药、农机具等品种或体积大，或易燃易爆，或有毒，这决定了农资储存和运输条件要求较高。

8. 服务要求高

目前，农业劳动者文化素质普遍较低，而农资是农业技术的载体，其使用技术要求高，这种矛盾要求农资销售一定要做好技术服务。

二、影响农资市场需求变化的因素

1. 农业生产发展的速度以及积累水平

这是影响农业生产资料需求总量变化的主要因素。一般在丰收年份对农业生产资料的需求，比平常年份或歉收年份大幅度增加。

2. 农业生产结构

包括农、林、牧、副、渔各业的生产结构和农作物的种植结构。因为生产结构不同，使用的生产资料结构也会有很大差异。例如，经营种植业与经营渔业所需的生产资料不同。

3. 农业生产组织规模大小

一般生产规模大，需要供应较大型的生产工具设备和大包装的生产资料。

4. 自然条件及其变化

各地区的自然条件不同，使得需要的生产资料也不同。自然条件的变化同样影响农资产品的需求，尤其是气候条件。气候条件对农资市场的影响是间接的。气候的变化直接影响作物生长、病虫害的发生发展、作物对水肥的需求，间接影响对农资产品的需求量，对来年市场需求很难加以定量估计。农民不可能在无水可浇灌的干旱天气中施肥，因而对肥料的需求降为最低；在雨季不会想到去使用杀虫剂。而且，不同的地域有着不同的气候条件。

5. 农业科技普及程度不同及国家政策的影响

农业科学技术的普及，会使农民不断改进耕作制度，改变对生产资料的消费习惯，从而引起对生产资料需求的变化。

6. 农业生产资料在生产过程中周转速度的快慢

生产过程中消耗的生产资料是一次性消耗，还是逐渐消耗，直接影响生产资料需求量。不同的农业生产资料在生产过程中周转速度不同，消耗量也不同。

7. 生产者拥有的生产资料种类及技术状况

拥有不同的生产资料，对生产资料需求也有影响。

8. 农产品价格

农产品价格影响的是农民对来年市场价格预期和信心，从而影响本年度的投资力度。

三、农资市场预测

在预测农业生产资料市场时，必须找出影响其市场的主要因素，才能使预测具有科学性和准确性。

1. 国家对农业生产方针政策的影响

国家重视农业生产，特别是种植业生产，导致对化肥、农药等生产资料需求量加大。

2. 自然条件的影响

例如，病虫害发生偏重，农药是救灾商品，需求量自然递增。

3. 农业生产收成的丰歉

农业生产收成的丰歉直接影响农民的收入，农民收入的增加或减少，将连锁反应到农业生产资料上。

4. 农业信贷的多少，农业生产资料价格和质量等

这些因素都不同程度地影响着农民对农业生产资料商品的需求与购买。

第二章 我国主要农资行业发展状况

第一节 种子行业状况

中国是全球最大的种子市场，年销售额在200亿～220亿元，约占全球的9%，预计8～10年后可达800亿元。随着我国种子市场的开放，种子经营异常活跃。全国共有持证种子生产企业9 000多家，经营单位12万多个，注册500万以上的有300多个，注册资金3 000万以上的有80多个，上市公司6个。在纷繁复杂的市场竞争中，逐渐涌现出一批实力雄厚的大型种业企业，中国种业50强所占份额由2004年的15.5%提高到2005年的28.8%。世界种子年销售额1亿美元以上的有22个公司，其销售额之和近75亿美元，全球10大种业的年销售额都在2亿美元以上，其中美国杜邦19.38亿美元。我国年销售额在2 000万元以上的不足100个，5 000万元以上的只有18个，1亿元以上的只有7个。

"十五"期间全国共审定作物新品种2 130个，是"九五"期间的3.1倍，单个主推品种的推广面积逐渐下降，就水稻来说，由前几年占每个县的1/10～1/20，下降到2006年的1/50～1/80。随着我国种业市场化程度不断提高，选育出的新品种越来越多，品种更新速度也由原来10年缩短到6～7年，但品种同质化却很严重，创新性品种较少，和国外相比，我国用于开发研究的经费明显较低。

一、存在的主要问题

1. 生产计划失控，经营风险加大

农作物种子需要在特定的时空，利用特定的条件，采用特定的技术进行生产，生产的种子必须在特定的地域按照特定的程序投入使用。其生长周期长，市场需求弹性小，储藏时间和使用期限短，销售季节性强，成本高，所以种子生产和经营需要根据市场需求进行科学预测，并周密计划和有序流通，才能产生巨大效益。近年来，由于种子市场的开放，形成多头搞经营，计划失控，加上气候多变，种子的丰歉预测难度加大，使我国种子市场经常出现过多和过少的年份，市场风险和自然风险常常降临种子企业，造成巨大损失。

2. 销售网点过多，不当竞争激烈

总体而言，我国种子公司仍处于过度竞争（无序和无效竞争）和垄断竞争（不完全竞争）的市场环境之中。主要表现在：一是种子委托业务不规范，少数种子经营单位为了抢占市场，对被委托单位的经济和技术基础、诚信度、销售区域等条件不进行考察就委托，被委托的经营户以个体户为主，无任何资格限制，经营网点过多过滥，结果造成了管理上的失控，使种子市场经营秩序较为混乱；二是经营行为不规范，在种子稍微短缺的年份，人为制造紧张气氛，竞相抬价，而种子略有过多的年份又互相压价，导致恶性竞争；三是种子生产和经营档案不完备，个别企业未经有关管理部门的批准同意擅自生产和经营种子，出现种子质量不合格、包装不规范。一些不法商人拆包后偷换种子掺杂使假，坑农害农，牟取暴利。

另外，在品种审定方面，由于国家、省、地（市）三级均有品种审定权，使目前审定的品种过多，但突破性品种少，缺乏必要的多样性和专用性。在育种和经营策略上，偏重于高产品种的育繁和推广，忽视优质品种的选育与开发，更不重视种子生产技术的改良和创新，使生产种子成本较高，在市场上缺乏竞争力。受利益的驱使，一些公司不按试验和示范程序，超范围推广未经审定或审定不合格的品种，甚至有人不顾知识产权保护，剽窃他人成果等。

3. 投入不足,缺乏科技创新能力

长期以来,我国种子的科研、生产、推广和销售是相互分离的,科研经费完全依靠国家投入,科研水平低,成果转化速度慢,很难形成一个良性循环。同时,由于行业分散,单个种子企业规模小、资金有限,大都不具备科技创新能力。虽然有少数企业自身也从事科研育种,但其农业科研条件、科研人员数量和科研成果推广都因资金不足而落后于其他产业,这就使我国种业科技创新严重不足,在竞争中处于不利地位。科研育种是种子企业的生命,没有新品种,企业也就失去了生存的根本。

二、发展对策

1. 坚持依法治种

加入 WTO 后,我国种子市场对外开放的进程明显加快,但还未建立起符合国际惯例和准则的种子产业管理体制。《种子法》的颁布实施有力促进了国内种子产业走向世界,我们必须逐渐与国际惯例和准则接轨,消除各种技术壁垒,建立健全包括创新激励、行业标准、法规体系、监管机制等在内的种子产业管理体制。通过消除人为壁垒和降低市场进入壁垒等方式,培育形成具有公平竞争条件的种子市场环境。日前,许多种子管理法规与产业发展政策已经出台,但有待于进一步完善。在种子管理体制改革、种子产业重组、种子市场培育过程中,我们需要借鉴经济发达国家的研究成果和做法,逐步改善种子产业投资环境,营造一个有利于企业生存和发展的空间。

2. 加快培育龙头企业,提高种业国际竞争能力

通过实施"五大战略",即育繁推(销)一体化战略、精品名牌战略、依法治种战略、集团化战略和国际化战略,切实推进我国种子产业化。要吸引工商企业资本向种子产业流动,促进工商企业与种子产业组织之间相互兼并,实现资产重组。各级政府必须放弃对国有种子公司的所有权,对国有种子公司进行彻底改制,加快重组与联合或实行股份制改造,将种子公司办成自主经营、自负盈亏的经济实体,建立现代企业制度,锻造一批大型种子企业和企业集团,使企业完全按市场的自然法则决定生产经营方针,提高企业在国际种子市场上的竞争力。

3. 增加科技投入，加大知识产权的保护力度

农业生产以增产实现增收的时代已经结束，真正进入按质论价的市场经济时代。企业的竞争实际是技术的竞争、人才的竞争，要尽快聚集一大批高、中、初级优秀的科技人才进行育种攻关。通过引进新种质资源和新技术，加快品种的创新速度，依靠法律和科技创新来保护品种权益。通过品种转让、产权买断、委托研究、合作育种、联合开发、合资联营等方式来研发利用新品种。利用“终结基因”技术，即对转基因种子进行药物处理使其第二代出现不育，来保护品种产权。对繁殖系数大、品种产权保护难、经营利润低、社会效益大的常规品种的培育和推广，政府可以作为公益事业来抓，并加大财政支持力度。

4. 完善行业协会，发挥行业自律作用

行业自律是规范企业行为的重要途径，要进一步探索行业组织的形式、职能和运转方式，建立和完善具有中国特色的种子行业协会，建立行业自律的体系和机制。这既是做大做强我国种子产业的需要，也是与国际接轨的需要。今后要充分发挥行业协会和中介组织的作用，使之成为连接政府和企业的桥梁，成为企业间相互约束的纽带。

5. 不断兼并重组，重新形成市场格局

中国种业正处在一个不断集中、快速发展的变革时代，据专家预测，今后几年将出现大兼并、大改组、大联合、大发展的局面，种子公司将从遍地开花发展为百强竞争、群雄争霸，最后可能只有十几或几十家种业集团公司称霸于中国种业市场，最终达到的种子产业格局是企业组织集团化、经营领域国际化、育繁推销一体化、市场竞争有序化。我国是农业大国，在加快《种子法》实施，建立和完善我国种子产业市场化、国际化的同时仍应做好国家种子的储备工作，不仅可以满足频繁自然灾害时的用种要求，确保农业生产安全；在种子市场无序竞争时，又能调控市场，保护农民的利益，使我国国民经济健康、持久地发展。

第二节　肥料行业状况

我国是世界第二大化肥生产国和消费国，2005 年全国基础化肥生产企业 1 000 多家，其中氮肥约 500 家、磷肥 500 家、钾肥 40 家。化肥生产能力约 4 000 万吨/年（按有效养分 100% 计，下同），位居世界第一。化肥自给率为 90%，进口产品主要是钾肥、磷酸二铵和三元复合肥。化肥生产中高浓度和复合肥料的品种及产量逐年上升。目前复合肥的生产能力已突破 1 000 万吨（实物量），获得复混肥生产许可证的企业达 2 500 多家，生产能力接近 10 000 万吨（实物量）。各种专用肥发展也很快，我国化肥消费量基本稳定并略有增长，2002 年的化肥消费量约 4 060 万吨，其中氮肥 2 575 万吨、磷肥 1 010 万吨、钾肥 478 万吨，国产化肥占 80%。

一、存在的主要问题

1. 成本低，技术落后

中国是最大的氮肥生产国，由于 70% 的氮肥生产企业采用煤为原料，同时由于低廉的劳动成本，使得中国的氮肥生产具有成本优势。同时，由于以尿素为代表的氮肥工艺成熟、产品同质化程度高，在这类产品上外资没有生产优势。但是，由于复合肥的技术发展较快，生产工艺复杂，质量差异化程度高，国内复合肥生产厂家规模小、数量众多、技术落后，产品质量参差不齐，历来假化肥事件多产生于复合肥。在这方面，外资企业无论在技术、工艺、品质等方面都具有明显优势，现在的市场已经表明，高端复合肥市场基本上为洋肥所控制。从国外的化肥历史看，高效缓释复合肥是发展的方向，外资进入，复合肥生产领域将会是其投资重点。

2. 缺乏品牌，经营混乱

目前国内的化肥市场缺乏有品牌、有实力、营销网络健全、管理规范的龙头企业，使得市场上假冒伪劣产品不断，价格波动大，大多农资企业停留在靠天吃饭、靠运气吃饭的状况，而较大的农资流通企业依然扮演着买进卖出的代理人角色，缺少对自己品牌的营销。在这种情况下，外资企业将会凭借其先进的营销理念和营销手段，强大的品牌优势，逐步渗透并整合流通渠道，进而控制终端消费者。

3. 体制陈旧，人才缺乏

国内较大的化肥企业大多还在旧的企业管理制度下，对人才的使用和激励机制与市场经济的要求相差较远。目前化肥流通领域开始对外资开放，作为激烈竞争中的企业，人才是最为关键的竞争要素，缺乏有效的长期激励机制，对于吸引和稳定关键的管理者和经营者来说，都将是十分困难的。外资企业在这方面具有十分明显的优势，从许多行业的经验来看，人才争夺战将是外资企业进入化肥市场的第一场战斗。

4. 三角债严重，资本发展不足

国内化肥企业往往由于计划经济时期指令性业务，形成复杂的三角债，从而使企业背上沉重的不良资产负担，资本流动性低，财务负担大，同时，由于国内金融领域更为封闭，融资渠道单一，资本市场不畅，使得化肥企业资金实力普遍与外资差距较大。这一情况，反过来使得化肥企业的抗风险能力和主动应变能力不够，外资会以兼并、合资、租赁等多种方式整合部分现有化肥企业。

5. 企业结构不合理，产业集中度低

我国小化肥企业的数量远远超过大中型化肥企业。虽然最近几年我国新建成投产了不少大化肥企业，一些小化肥企业也因各种原因关停并转，但小化肥企业仍占到总企业数的70%以上，产量仍占半壁江山。

二、发展对策

1. 建立连锁销售网络

化肥销售作为流通业，属地化是其最核心的属性，其消费与当地的气候、种植习惯、风俗习惯紧密相关，而施用方式更是千差万别。熟悉属地特点，拥有属地网络和人才，正是国内企业的优势。同时市场下移贴近终端消费者既是现代营销的趋势，是抓住市场的关键，也是树立企业品牌的根本。因此，大力发展连锁销售配送网络是培育农资企业核心竞争力的关键。

2. 采用联盟方式，走竞合之路

合作是经济全球一体化所带来的一种趋势，利用合作双方的互补优势，变竞争为竞合，取得共赢。

（1）利用联盟方式全面合作。联盟体之所以能够运作，离不开两条：一是各方有共同的利益目标，二是优势能够互补。中农集团与多家地方农资企业已经成立的中农联合贸易有限公司，就是一个以资本为纽带的联盟体。就目前情况看，中农集团与各地方农资企业存在着极强的互补性，各地方公司在所属区域有较健全的销售网络，在人才、销售经验、人际关系等方面有较强的属地优势，而作为联盟体龙头的中农集团，在货源、品牌、市场影响力上具有绝对的优势，这种联盟合作，既能够弥补各方的弱势，又避免了互相的价格争斗，形成了共赢的局面。

（2）利用授权、独家代理等方式局部合作。对于现在尚不能进入农资流通领域的外资来说，未来也不可能完全是敌对关系，应区别对待，对于我们在一些关键技能或关键资源上可以拿来主义的，可以考虑在局部进行合作、合资。目前，由于政策的限制，可以在一些关键性资源方面，建立独家代理式的合作方式。如2003年10月中农集团与美国磷肥协会达成的磷酸二铵独家代理协议，就是一次有益的尝试。

3. 转变机制，建立现代经理人激励制度

化肥企业大多具有较长的经营历史，计划经济时代给大多数农资企业带来了很大的不良资产和债务负担，同时企业冗余人员多，这些都给企业改制带来了困难。因此，农资企业的改制应根据具体企业的情况区别进行，对于资产规模较大的企业，可以先进行部分改制，逐步整体改制。与此同时，应及早建立基于战略目标的绩效管理和激励机制，以有效地激发员工积极性，增强企业凝聚力和活力，同时有利于规范管理，防范风险。

4. 一体化经营

在化肥产业链当中，化肥企业一直停留在批发环节，承受了巨大的市场风险，同时利润率却是整个产业链条中最为薄弱的。因此，必须实现产业的延伸，即适度向一些关键的高附加值的生产领域渗透，同时必须使市场向下延伸到终端零售环节，以最有效地控制市场，树立品牌。

另外，在现行的农资供应政策中和各地方在执行政策过程中，还存在一些不适应甚至阻碍农资行业发展的不利因素,要想使企业不断强大,并能在外资进入时依然保持有力的竞争能力,还希望有关政府部门予以政策上的改进和扶持。

第三节　农药行业状况

我国农药生产发展迅速,已成为世界第一大农药生产国,也是农药出口大国,为农业生产提供了重要支持。现已形成了包括原药生产、制剂加工、原料中间体、科技开发在内的完整工业体系。农药生产能力(100%有效成分,下同)由1986年的23.1万吨到2005年的93.35万吨,增长了3.04倍;农药总产量2003年达到86.3万吨,是1986年的(10.2万吨)的8.46倍,目前已居世界第一位,占全球产量的25%;农药出口额2003年达到7.3亿美元,与1994年(1.52亿美元)相比,增长380.26%,成为世界农药出口大国。

世界农药工业主要以美、日、德、英、法等发达国家为代表,其生产企业也多以这些国家的先正达、陶氏益农、、孟山都、拜尔等为代表。世界排位前八大公司的销售收入约占全球农药销售总额的80%,美国在全球的农药销售额约占全球农药销售总额的30%。我国2005年农药工业总的销售额约625亿元,合78亿美元,与先正达(2005年73亿美元)、拜尔(2005年70亿美元)单个跨国企业相当。我国的销售总额若平均到2 200家农药生产企业中去,平均只有2 800万元人民币,我国只有中国化工农化总公司的年销售额超过50亿元,其余农药生产企业最大的销售额只有约20亿元。

我国现有农药生产厂家3 000多家,生产规模普遍较小,年销售额在1 000万元以上的只占总数的17%左右,而年销售额在500万以上的只占30%。市场占有率最高的企业只占整个市场份额的不到4%,15家最大农药企业的市场份额仅占25%左右。

一、存在的主要问题

1. 产品结构方面

我国农药产品的结构与前些年的“3 个 70%”相比，已经有了较大改善，但是产品结构不合理的状况还是比较严重。一是品种数量少。世界上已经注册的农药化合物有2 800多种，其中商业化应用的有 1 300 多种，常用的有 500 多种，而我国能够生产的不足 300 个品种，且产量较大的主要集中在十几个品种，大多还是老品种。二是杀虫剂、杀菌剂、除草剂的比例不尽合理。全球农药消费中，杀虫剂、杀菌剂、除草剂的比例是25%、24%、47%，而我国的消费比例是 45.5%、26%、24%，生产总量的比例是 45%、13%、41%。三是部分高毒品种还在大吨位生产。除马上要禁用的 5 个农药品种之外，我国继续大吨位生产并使用的高毒品种农药，还有氧化乐果、水胺硫磷、甲拌磷、特丁硫磷、甲基异硫磷、甲基硫环磷、乙基硫环磷、克百威、灭多威、涕灭威、溴甲烷、磷化铝等。这些农药在水果、蔬菜等经济作物上已经开始限用或禁用，下一步将逐步列入淘汰名单。四是农药制剂品种少，剂型不合理。具体到一个原药品种，发达国家可制成 30 多种剂型，而我国只能做出 5～6 种。在剂型上，国外以无溶剂、水基、固体化为主，而我国仍以乳油、粉剂、可湿性粉剂和颗粒剂为主，其中乳油约占 50%，大量的甲苯、二甲苯、纯苯以溶剂施于田间，不仅造成资源浪费，而且造成环境危害。

2. 技术水平方面

我国农药工业近年来取得了相当快的发展，但就整体水平而言，尤其是与发达国家比较，还存在一定差距。当今世界，随着全球经济一体化和科学技术的日益发展，农药生产技术正朝着高科技化、精细化及自动化迅猛发展。我国农药行业在生产中采用微机自控、高效催化、高度纯化、定向主体合成、生物技术等方面，已得到相当广泛的应用并取得了不少的成功经验。但在一些品种和产品上，即使是生产同样的产品，由于技术工艺等方面的原因，往往达不到国外同类产品的品质与性能，同时还存在生产成本高、物耗多、污染严重等问题。

3. 企业结构方面

2003 年以来，通过提高新企业准入条件、延续核准、清理整顿生产批准证书等措施，一批落后企业被淘汰，但农药企业多、小、散、乱的问题仍未根本解决；企业微利或亏损，无力进行技术升级；农药行业仍没有具备国际竞争能力的龙头企业，在产品出口上互相压价。

2005 年底，国内获得有效农药生产许可证和农药生产批准证书的生产企业共有 1 821 家，而农药部分销售额超过 10 亿元的仅有 4 家企业，其中最大的企业红太阳集团有限公司，农药部分销售额也仅 20 亿元左右。相比之下，2005 年世界农药销售排名前 6 位的企业中，销售额最小的美国杜邦公司也达到 23 亿美元。

从区域分布来看，虽然原药生产企业主要集中在江苏、浙江和山东三省，但基本还是承袭计划经济年代的分布模式，企业之间各自为阵，没有形成生产较为集中的农药工业园。近年来，还出现原药企业向中西部转移、输出污染的现象。

4. 研发能力方面

长期以来，我国在农药的研发方而一直处于相当落后的水平。日前生产和使用近 200 个农药品种中，90% 以上都是仿制的。我国是发展中国家，经济水平不高，农药科研经费投入较少，科研单位自主开发的能力较差。

2005 年，中国农药工业整体研发投入占销售收入的比重平均不到 1%，仅有个别企业达到 2% 以上，而同期部分跨国农药集团的这一比重高达 10% 以上。中国农药产品更新换代缓慢，在国际分工中处于低端。

二、发展对策

1. 树立新的营销战略思想

随着市场经济的不断发展，市场竞争更加激烈，农药市场也发生了根本性的变化，已由过去单一的计划经济和计划经营，转变为依靠市场调节的开放经营和多渠道竞争。面对瞬息万变的市场，农药经营单位要生存和发展，就必须解放思想，必须打破“等、靠、要”的传统思维模式的束缚，树立全面参与市场竞争的意识，把农药经营纳入市场经济客观规律的轨道，既要市场导向营销思想，又要树立一种具有超前意识和整体性的营销思想。一方面要研究市场供求的发展趋势，另一方面应当努力挖掘自身潜力，确立自己的战略地位和发展空间。

(1)充分利用现有的信息资源，把握进货渠道。当今社会是知识经济社会，科技信息日益发达，有各种渠道可以获得有关的信息。我们要通过对农药市场进行细致的调查研究，科学地分析农药市场容量，掌握我国农药生产、使用以及历年的销售情况，熟悉农药质量、价格和农民使用习惯，采取灵活多样的方式进货，代理商、买断代理或“佣金代理”。

(2)研究竞争对手，确定经营战略。随着农药市场的放开，按照《农药管理条例》的规定，农药可以多渠道经营，农资系统、农业“三站”占据主流渠道，个体经营者也成为竞争对手。另外，当前的农药形势总体上处于供大于求的状况。农民朋友手中有钱可需要时再买，不会随意存药。面对现实，我们必须研究竞争对手，学习和借鉴对方先进的经营方式和手段。

(3)建立新的内外联合的经营方式。作为农药经营单位，无论是农资系统，还是植保系统，都应该充分发挥自身的优势，组建新的利益机制下的销售网络。简单来说，要求得发展，我们就必须采取“上联工厂保货源，中联系统建网络，下联农民保市场”的经营方式，把过去那种买卖关系转变为联合合作关系。

2. 构筑营销新体系

农药经营单位在参与市场竞争的同时，必须建立起一个具有强大合力而又灵活有效的营销新体系。

第四节　饲料行业状况

2002 年全球生产配合饲料总量为6.04 亿吨，排名前5 位的饲料生产国约占世界总产量的50%，排名前 10 位国家的产量之和超过世界总产量的60%。2005 年，我国饲料产量达到1.03 亿吨，产值2 639 亿元，比上年增长 8%，配合饲料7 371万吨，比上年增长 4.9%，浓缩饲料 2 446 万吨,比上年增长10%。我国是继美国之后的世界第二大饲料生产国。全国排名前10位的饲料生产企业的饲料产量达到1 850万吨,占全国的21%左右。全国年生产20万吨饲料的大型企业已超过40家,年产1万吨以上的饲料企业1.3万余家,共有各类饲料企业1.4万多家,其中国有4 597家,民营8 327家,股份制3 429家,其他1 827家,形成了以民营为主的多元化经营新格局。

一、存在的主要问题

1. 部分原料仍有较大的缺口

饲料资源的缺乏是制约整个饲料工业发展平衡的问题。我国的饲料产量从现在的1亿吨可能发展到1.5亿吨,而实际上我们的原料供应已经不足,最严重的是资源的产品短缺。现在是70%的资源依赖进口,氨基酸50%仍然靠进口。近年来,我国的科技发展取得了很大的进步,国家科技攻关使饲料科技得到很大的发展。

2. 饲料行业获利率低

由于饲料行业的进入门槛过低,我国的饲料企业多而不大的现象很突出。大企业并没有获得足够大的销售收入和市场份额。2005年我国饲料生产企业1.4万多家,每个企业平均生产能力仅为7万吨/年。

饲料工业属于微利行业,国家一直实施免征增值税,以扶植其发展。但是一系列的非业内因素不断增加了产品成本,进一步降低了行业利润。如《道路交通安全法》的正式实施,特别对超载、超限车辆加大了检查和处罚力度;加之,国际能源短缺,燃油涨价,饲料企业的销售网络主要分布在城郊和农村,产地与销区相距较远,产品绝大部分靠汽车运输,原料和产品运输成本相应大幅增加,从而导致饲料产品增加成本约50元/吨,饲料业的经营形势不容乐观。

3. 行业自律性差,无序竞争严重

随着饲料原料上涨,饲料成本增大,各企业为抢占市场份额,大打价格战。赊销已成为饲料企业抢夺客户"最简单、最实用"的手段。赊销对促进畜牧业的快速发展曾起到积极作用,但却增加了养殖户养殖和市场风险,养殖亏本时有发生。由于企图通过使用新原料、新产品来降将低成

本的努力屡遭失败，饲料企业只有调整配方，降低成本，降低产品营养浓度，造成饲料产品质量下降，安全卫生状况不容乐观。动物源性饲料产品质量较低，添加违禁药品的现象仍未杜绝，滥用饲料添加剂的情况时有发生，有毒有害物质未能全面有效控制，既威胁到养殖动物生产和居民身体健康，又影响了养殖产品的国际贸易。

4. 饲料工业标准化体系不健全

（1）标准老化。针对饲料行业，国家质量技术监督局和饲料行业行政主管部门已发布了不少的国家标准和行业标准，但这些标准已远远不能满足飞速发展的饲料工业需要。

（2）现有标准不配套。我国饲料监测技术与国外先进国家有相当的差距，现行饲料行业的国际标准采标率不超过20%。已制定的饲料标准数量远不能满足饲料工业质量监测的需要。一些高技术产品已经进入饲料市场，却缺乏精确有效的监测技术，如酶制剂、蛋白金属螯合物、促生长剂等。

5. 企业标准水平较低

我国现行饲料标准有国家标准、行业标准和企业标准三大类，但由于企业自身科技水平较低，制定标准的能力和水平不高。有的企业借标准化转轨之机制定了一些水平低的企业标准，使生产劣质产品合法化，出现了合格产品不符合国家标准的现象。

6. 企业质管体系不健全，产品及卫生质量低

在饲料企业中，已通过ISO 9002，HCCP、GSP质量体系认证者极少，健全了质量管理体系者不多。全国1.4万多个企业中，仅有120多家企业通过HACCP认证，380多家企业通过ISO 9001等认证。进厂的原料和出厂的产品没有或缺少检验手段，特别是对饲料卫生指标，没有有效的控制手段，饲料质量不尽人意。部分企业法制观念不强，在饲料中滥用兽药和不规范使用兽药的现象十分普遍。在畜产品中造成严重的药物残留，继而危害人类自身健康。

7. 饲料产品流通渠道“多、乱、杂”

随着畜牧业的不断发展，对饲料需要量的增加，饲料市场快速发育。一些饲料生产者为了占领市场，扩大销售，在各地纷纷设立办事处，寻找

经销商、代理商，迅速增加销售渠道和销售网点。由于点多、线长、面广，饲料企业对销售渠道的管理力不从心；同时由于这些经营者中，部分经营者素质低，法制观念淡薄，造成饲料产品的销售渠道出现了多、乱、杂的情形。有无证经营者，有坑蒙拐骗者，有以次充好销售假劣者，等等。这些不仅损害了饲料企业的形象和利益，而且也扰乱了饲料市场正常的经营秩序。

二、发展对策

1. 贯彻绿色饲料生产的思路

"绿色饲料"指纯天然、无污染、无毒害、无毒副作用的饲料。国内外均对生产绿色饲料非常重视，这是我们需要长期努力的目标。我们应在原料和饲料添加剂生产与选择、配方技术、生产工艺、储运、检测技术、配套标准、法律法规等方面综合考虑。

2. 结合中国国情，继承和发扬传统生态农业的可持续发展

我国畜牧业以农区为主，而在农区养殖业的肉类总产量中猪肉约占3/4，其中家庭养猪业的贡献占猪肉总产量的80%以上，这是我国畜牧业的主体形式。我国农区传统养殖业模式不依赖国家投入，可充分利用农村廉价的劳力资源，既增肉、又增收，还可以变"废"为"宝"。将畜禽排污通过农田自然消化，既可节约化肥用量，降低农业生产成本，提高土壤肥力，同时又保证了生态农业的可持续发展。对我国饲料工业生产不可回避的这一现实，应充分利用这种传统型生态农业的特点，开发有针对性的饲料配方和生产技术。一味追求集约化、集中高效的生产模式势必造成更大的环境压力，我们应把环境保护思路结合到养殖业和饲料工业发展思路中，作为长久可持续发展的首要决策因素。

3. 加强科技创新工作

我国实行农业结构调整，提高饲料作物在种植业中的比重，应注意培育高质量饲料作物，如"高油玉米"、"高赖氨酸玉米"、"低植酸玉米"、"双低"或"三低"油菜等。我们也应注意在作物育种中把降低抗营养因子含量作为重要目标。加强饲料原料深加工方面的研究，消除或降低现有植物性蛋白质饲料原料的抗营养因子含量，是提高饲料利用的有效途

径。在各种条件下（品种、环境、饲养方式等）动物的营养模式及调控技术，饲料和饲料添加剂质量评价、安全评价技术、环保评价技术、监测技术、动物产品品质控制技术，都是我们急需解决的问题。

4. 加强饲料工业标准化，法制化建设

动物的饲养标准或营养需求标准应结合国情，因地制宜，具有灵活性，但饲料安全性标准应全国统一，不能迁就。

目前我国饲料质量检测体系网络正在逐步形成，但人力、配套法规、监测力度有待深入，应对市场的机制有待完善。我国发布的《中华人民共和国饲料和饲料添加剂管理条例》、《畜禽养殖排污标准》、《畜禽养殖排污管理条例》、《饲料原料标准》、《饲料卫生标准》、《饲料添加剂标准》、《饲料添加剂使用规范》等，是养殖业、饲料工业与环境保护工作所依据的重要法规。这些法规落实了各级政府职能部门对饲料工业产品生产管理的职责范围，对新产品与进口产品的审定、生产、经营销售者的条件以及产品质量检验制定都作了规定。这些法规是加强对饲料、饲料添加剂的管理，促进饲料工业与养殖业的发展，加强环境保护，保证人民身体健康，增加我国饲料工业在国际市场竞争能力的重要保证。

5. 树立增值服务理念，实施增值服务营销战略

饲料工业是直接服务于养殖业的，而目前我国养殖业中规模化养殖水平较低，大多是分散养殖，特别渴望技术指导，因此在饲料营销中，企业一般都比较重视服务营销。企业在满足一般的服务项目需求的情况下，实施增值服务营销战略就可增强自身的竞争能力。

第五节　兽药行业状况

2005 年我国的兽药生产厂家共有 2 604 家，年产值在 200 亿元人民币左右。兽药经营单位 61 388 家，销售额 220 亿元。按类型分，原料厂 152 家，制剂厂 1 841 家，添加剂厂 1 281 家。以产值分，1 亿元以上 19 家，5 000 万元以上 12 家，2 000 万以上 138 家，500 万元以上 537 家，500 万元以下 1 741 家。兽药生产中，1987 年《兽药管理条例》颁布实施到

2002 年底,农业部批准的一、二、三类新兽药 187 种,批准的新生物制品 134 种。在这 300 多种新药中,三类药品占到 95%,而且大多以仿制国外产品为主,真正属于自己开发研究创新的品种较少。在销售额上,"世界十强"梅里亚、辉瑞、英特威等著名动物保健品企业几乎垄断了全球动物保健品总销售额的 70%,我国所有兽药企业全年的销售额在 170 亿元左右,与国外一个公司的销售量相当。

一、存在的主要问题

1. 生产企业的数量多,规模小

现在的 2 600 家兽药生产企业,90% 以上是中小型企业,这些企业基本上都是在改革开放的初期,随着畜牧业的发展一哄而上的。这些企业的建立无论从资金的投入,还是厂房的设计、布局、工艺流程等方面都比较简陋和落后,生产规模也是相当小的,无法形成规模效益。由于宏观调控不力,造成了同品种的兽药大量低水平重复生产,从而形不成与国际同行竞争的能力。

2. 兽药产品结构、原料与制剂结构不合理

在兽药产品中,水针剂、片剂、粉针剂等剂型在兽药总量中占有相当大的比重,而一些使用方便、效果长久的浇泼剂、缓释剂、气雾剂等所占比重非常少,不能满足养殖业生产的实际需要。

在 2 600 家兽药厂中,原料药厂所占比重不到 5%,在原料紧张时,经常出现人、兽药厂抢原料的情况。

3. 我国新兽药的研发投入少、能力弱

目前我国缺乏专门的兽药研究机构和兽药教学机构,仅在一些大的兽医研究所内设有新兽药研究室,机构和人员的缺乏,使我国的新兽药研究处在生产工艺阶段(即仿制),真正从事新产品创新研究的微乎其微。困扰新兽药研发的主要问题是研究经费严重匮乏。据资料报道,外国企业每年的研发经费是全年销售额的 10% ~15%,以美国辉瑞公司动物保健品集团为例,在全球设有三大研究中心,研究人员约 5 000 人。2002 年的销售额为 16.25 亿美元,2002 年用于产品研发费用为 2 亿美元,占其销售额的 12.3%。

4. 兽药生产经营企业从业人员的素质有待进一步提高

兽药行业是一个高投入、高风险、高科技的行业，对从业人员素质要求高。从业人员应该要掌握一些专业知识，只有这样，你才能生产出合格的产品，同时合理地指导用户使用兽药。

5. 兽药质量监督力量还非常薄弱，产品质量还有待进一步提高

虽然全国到县级都有药政管理机构和专职人员，也有药监所从事质量监督工作，但是我们这些机构和人员与行业的发展相比，与庞大的市场监督要求相比，远远不够，要想把各项工作做到位，更是力不从心。

6. 不规范用药的现象非常严重

目前广大农牧民对合理用药知识掌握甚少，用药水平还是非常低的，这就造成药物的滥用和动物产品中兽药残留超标，不仅影响了我国动物产品的出口，而且影响到人民的身体健康。究其原因是不规范用药，没有遵守农业部发布的允许使用的兽药品种和停药期规定造成的，这个问题应引起我们的足够重视。

二、发展对策

1. 加快建立现代企业制度步伐，切实转换企业经营机制

企业制度不适应市场经济要求，经营机制不活，是影响企业竞争力的根本性问题。企业必须按照现代企业制度的要求进行改革，做到产权清晰、权责明确、管理科学。同时要最大限度地激励、调动企业职工的积极性、创造性。

2. 加快兽药行业的立法步伐

新的《兽药管理条例》已于 2004 年 11 月 1 日起正式施行，以加强兽药管理，保证兽药质量，防治动物疫病，促进养殖业发展，维护人体健康为根本目的。

3. 加强科研开发，加快兽药创新步伐

新兽药的研究与开发是一项耗资大、周期长、技术要求高、风险大的系统工程。国外研究开发出一种新药（包括人药和兽药）一般需要 10 ~ 12 年，平均耗资 2 亿美元左右。尽管如此，由于新药具有垄断生产和高额利润回报的特点，仍是今后药物研究开发的热点和重点。国外制药企

业一般以企业利润的10% ~15%用于新药的研究与开发。

4. 调整兽药企业组织结构和产品结构,以产品结构升级推动产业升级

在尊重企业意愿、遵循优势互补原则的基础上,组建以产品为龙头、资产为纽带、市场为导向、母子公司体制为组织形式的,跨地区、跨所有制、跨行业的大、中型兽药企业集团。也就是通过重点扶持一批、资产重组一批、兼并一批、破产一批等方式,实现资产的优化配置,加速优势企业的资本积累过程。在产品结构上要用高新技术改造传统产业,用高新技术开发新产业。按照地区进行结构调整。在沿海地区和东部发达地区产业结构要向高级化和国际市场发展,要实现从初加工向深加工的转变,产品应向深加工方面和高技术含量方面转变。着眼于国际市场,提高产品的质量和档次。在中西部地区资源相应比较丰富,应发挥其资源优势,从资源优势向产业优势方面转变。

5. 生产企业加快GMP达标进程

目前国际上制药行业已全面实施GMP管理制度,我国兽药企业要参与国际竞争,GMP是基本条件,是制药企业走向国际市场的通行证。这就要求企业根据农业部的总体要求,结合本企业的实际情况,加快GMP建设步伐。兽药管理部门要充分应用行政调控的有效手段,像我们国家控制小炼钢厂、小煤窑、小造纸厂那样限制上述中小企业进行GMP改造,这样既可以避免重复建设,减免巨额资金浪费,迫使这些企业尽早淘汰出局,保证所有从事兽药生产的企业都达到GMP要求。

6. 通过深化改革,努力提高兽药技术监督检验的水平

兽药监察所是国家对兽药质量实施技术监督检验的法定机构,是国家兽药监督管理体系的重要组成部分,是兽药管理部门实行行政监督的重要技术依托,因此必须重视和加强兽药监察所的基本投入和基本建设。当前要充分利用国家重视食品安全的大好机会,加快兽药监察所基础设施建设步伐,改善实验室条件,提高兽药技术监督的水平和能力,增强竞争能力。同时要加强检验工作质量管理,加快实验室国际认可。

第三章 农用生产资料营销

第一节 种子营销

通过对种子外观形态的基本判断,掌握种子质量基本识别办法,结合当地实际情况,合理选购使用种子。

一、种子的合理选购和使用

正确选购和使用农作物种子是保证农业增产农民增收的关键。同时,也是防止假劣种子坑农害农,避免种子质量纠纷,抵御种植风险的有效手段。

1. 慎选正规农资营销门店

农民要选商业信誉良好、售后服务质量高且有一定经济实力的门店购买种子。如持有种子经营许可证的经营者,在规定有效区域内设置的分支机构;接受具有种子经营许可证的经营者以书面委托代销其种子和专门经营不再分装种子的门店。具有农业行政主管部门核发的《种子经营许可证》和工商行政部门核发的《营业执照》的种子公司及其分支机构;其《营业执照》(原件)的经营范围中含有"代销包装种子"并持有委托者加盖公章的《种子经营许可证》(复印件)和书面委托(原件);其《营业执照》(原件)的经营范围含有"销售包装种子"的种子零售者。农资营销员须具有相应等级职业资格证书。

2. 认真查验种子包装标签

进入流通环节销售的种子,经过加工、分级、包装并附有种子标签,标签的内容应当与销售的种子相符。消费者在选购种子时应认真核查5项内容:一是严查种子包装与种子标签内容是否相符,不购买二次封包或包装与标签不符以及无包装、包装破损、标识不清的种子。二是严查种子质量指标(明确标注纯度、净度、水分和发芽率的具体指标),不购买质量低于国家规定种用标准的种子(如常规棉花种子大田用种质量标准为:纯度不低于95.0%,净度不低于99.0%,发芽率不低于80%,水分不高于12.0%)。三是严查品种审定编号,不购买无审定编号或审定编号标注不正确、不规范的种子。四是严查种子生产、经营许可证号,不购买无种子生产、经营许可证号,或生产、经营许可证号与生产、经营许可证不相符的种子,避免购买无证生产、经营的种子。五是严查种子生产日期,防止购买陈种子。若必须购买陈种子,应适当加大播种量,避免因种子发芽势弱、拱土能力差,而出现缺苗、断垄的现象。

3. 正确挑选适宜品种

随着新品种大量上市,广告宣传推波助澜,消费者对新品种的认识与日俱增。为奠定农业丰产丰收的基础,科学安排农作物品种布局,应采取高产品种与稳产品种搭配,新品种与老品种搭配的方法。按照农业行政主管部门发布的农作物种植品种区划意见选择适宜品种,切勿盲目跟着广告一味追求新品种而轻信推销者的歪曲夸大宣传,导致不可挽回的利益损失。另外,还要根据市场需求因地制宜选择商品性好、品种性状与自然区域、生态条件以及土壤肥力相适应的农作物品种。对从未种植过的新品种,不能偏听偏信广告宣传,慎重选择。

4. 索取保存有效证据

种子销售发票是经营者与消费者之间的购物合同,是种子销售的结算凭证。购买种子时一定要索要符合规定的、盖有种子经营单位公章的购种发票,并要求清楚地标明购买时间、品种名称、数量、等级、产地、价格、购种价款等重要信息。不要接受个人签名的字据或收条等。如果不索取发票,仅凭口头协议,万一种子出问题,经营者不承认或扯皮推诿,法律上得不到保护,吃亏的还是消费者自己。播种时要注意留存种子的包装、标签、相关技术资料和说明等物件,并要保存适量的原样品,避免发生种子质量事故时无据可寻。

5. 确保种子贮存安全

为提高种子利用率，确保种子质量安全，种子贮存环节应注意以下三点。首先，贮存种子的库房要通风干燥，温湿度适宜。现在的种子包装特别是小包装材质透气性差，不宜长时间堆放在一起，最好在铺垫物上单摆单放，每隔一段时间及时翻动，避免因种子受潮、霉变导致发芽率降低。其次，严禁种子与化肥、农药混合堆放在一起，影响发芽率；包衣种子不能同粮食作物、畜禽饲料等物资混贮，防止种衣剂中毒。最后，采取有效措施防止虫害、鼠害损坏种子，造成经济损失。

6. 实行良种良法配套

实现良种增效良法配套是技术保证，良种没有配套的良法，品种生产潜力不能发挥，品种增产增收功效就达不到。由于不同作物的种植技术和管理方法不同，相同作物不同品种的种植技术和管理方法也有所差异，因此，不能单凭生产经验去管理。必须转变传统的种植观念，丢弃陈旧落后的栽培管理方法，了解掌握所购品种的特征特性、适宜区域、栽培要点、生育期及产量表现。熟练运用作物栽培的技术方法，实行良种良法配套，加强田间管理，最大限度地挖掘品种增产潜力，获取丰厚的经济回报。

7. 依法维护自身权益

消费者有权按照自己的意愿购买种子，任何单位和个人不得非法干预。一旦出现种子质量问题，要学会运用法律武器维护自身权益，并注重维权的两重性。一是维权的合法性。凡因非正常气候（如光照不足、高温、高湿、冰雹、干旱、霜冻、雨涝等自然现象）、植物病虫害（如玉米粗缩病）、栽培管理不当（如茬口、施肥、整地质量、播种期、浸种、催芽、播种质量、种子植密度、追肥、浇水、化学除草、杀虫、营养元素缺乏等因素，都有可能造成生长畸形、缺苗断垄、减产或品质下降等）导致的非种子质量事故，不在维权之列。二是维权的及时性。无论在种子下播前，还是种子下播后，发现种子质量问题应立即与种子经营业户取得联系，根据实际情况双方可通过协商或者调解解决，避免贻误农时造成不应有的经济损失。若双方不愿意协商、调解或调解未成的，可协议仲裁或直接向人民法院提起诉讼。

二、种子检验与质量鉴别

种子质量的辨别从种子检验和种子质量监督方面进行。种子检验是选用技术手段,反映种子技术的行政管理。加强种子质量监督,与维护用户的利益、保障市场有序竞争存在着密切的联系。

1. 了解种子检验和种子质量监督的体制

目前,对种子质量进行监督的,既有国家技术监督系统,又有农业行政主管部门。农业部在若干省级种子管理站(公司)按作物建立起种子质量检测中心。从性质上讲,这个中心属技术服务,承担农业部部署的种子检测任务,并不具有监督权。至于各种子公司设置的检验科室,主要对本公司产品负责,不具有对社会产品监督的职能。管理站可以通过行政主管部门部署公司检验人员参与抽检。如果对抽检结果有怀疑,可上送中心复检,发现问题则追查责任。一般对水分、净度、发芽率的测试结果误差较小,而作为质量关键的纯度将依赖于种植鉴定,误差的概率也增大,往往采取几次重复后再进行纯度评价。

2. 了解对种子质量监督的力度

提高种子质量需由直接从事种子生产的单位做起。质量的好坏,与种子生产过程的每一环节有关。因此,要提倡建立质量保障体系,实行全过程的质量管理,从而形成农资营销员自检、分级抽查和国家检测相结合的,完整的种子质量管理制度。全国种子质量监督的力度很大,每年的大抽检产生了一定的震撼作用。要加重惩罚力度,使低劣种子的生产者不仅无利可图,而且要承担巨大的经济损失。国外的经验表明,这是保障种子质量的有效手段。假冒伪劣种子屡禁不止,其中,不可忽视的原因之一是地方保护。然而,市场经济的发展终将冲垮地方保护。不少县市的行政领导已看到这一趋势,正投入很大精力抓种子质量。这反映了各级领导对种子质量的关注,有助于各项制度、法规的落实。

3. 增强种子质量监督的意识

种子质量的提高依赖于每一个种子从业人员质量意识的增强。如果制种户舍不得拔除杂株,清选机手不彻底清理网筛,仓库保管员不按品种垛放,那么,再严密的监督也难免出现疏漏,影响种子质量的提高。种子从业人员质量意识不强的原因，一是旧有习惯难改，二是质量与经济利益联系不密切。例如，有一块青椒制种田，由于从国外运来的种子发芽率低，导致缺苗断垄，制种户觉得荒了土地可惜，就栽上当地品种补缺，使这块制种田不得不报废，而制种户却满肚子委屈，认为好心不得好报，类似情况经常发生。尽管事前给制种户讲课、示范，可是千百年来的习惯很难一下根除。利用经济利益来驱动种子质量的提高，按质论价，让菜农愿意出高价购买优质种子，从中获得优质种子所带来的效益。

近年来，种子事故不断发生，通过追查劣质种子来源和限制销售，为优质种子提供良好的市场环境。市场销售中质量意识的增强，势必推动生产环节把好质量关。可以预期，随着质量监督体制的进一步规范，质量管理法规的完善，加上人们质量意识的普遍增强，全国种子质量就能达到一个新的水平。

三、种子包装与保管

1. 种子的包装

依据《中华人民共和国种子法》（以下简称种子法）规定，应当加工、包装后销售的农作物种子，包括有性繁殖作物的籽粒、果实，包括颖果、荚果、蒴果、核果等；马铃薯微型脱毒种薯等。可以不经加工、包装进行销售的种子有：无性繁殖的器官和组织，包括根（块根）、茎（块茎、鳞茎、球茎、根茎）、枝、叶、芽、细胞等；苗和苗木，包括蔬菜苗、水稻苗、果树苗木、茶树苗木、桑树苗木、花卉苗木等；其他不宜包装的种子。

经干燥精选加工的种子，加以合理包装，可防止种子混杂、病虫害感染、吸湿回潮、种子劣变，提高种子商品特性，保持种子旺盛活力，保证安全贮藏运输，同时便于销售。

通过实践认为，要使包装种子质量好、外观美、信誉高，除必须严格抓好田间生产各个环节，提高种子纯度、确保种子质量外，在种子包装时还必须注意以下几点。

（1）种子必须经过精选和药剂处理。种子中夹杂的瘪粒、破碎粒、泥沙、杂草种子等杂质，常会携带和传播霉菌，因此，必须通过精选将种子中的杂质清除掉，以保证种子净度达到标准要求。经精选后的种子还必须进行药剂熏蒸或包衣处理（蔬菜种子），以保证种子包装后不霉变、不虫蛀。

（2）严格控制种子含水量。种子含水量的高低对种子的安全贮藏影响很大，水分高的种子呼吸强度大，内部有机物质消耗严重，引起种子发热，生活力下降，严重时会丧失使用价值。玉米、小麦类的含水率应掌握在13%以内，棉种含水率应掌握在不高于11%，油菜、瓜类、蔬菜种子一般含水量应低于8%，凡是高于标准含水量的种子严禁包装。

（3）注意种子标签、实行商标策略。种子标签是《种子法》要求的一项主要内容。因此，必须注意种子标签的内容要求，保证种子质量的真实性。另一方面从商品学角度来讲，应注意商标和商标策略。因为商标是商品的标志，是产品发展的组成部分，在整体的市场营销中起着广泛的作用。

（4）选择合适的包装材料和包装规格。根据不同作物品种、粒型、用种量及种价，选择不同材料的包装物。对于玉米、小麦、大豆等亩用种量大、种价较低的种子，可选用透明度好、耐磨、拉力强的聚乙烯塑料袋包装，大袋采用50千克/包、25千克/包，印上各自的标识。小包装采用每袋5千克、2.5千克、1千克、0.5千克等，分别采用不同规格的聚乙烯薄膜袋和牛皮纸袋。棉花和蔬菜部分经济作物类，用种量少，包装宜用精良的铁筒、铁盒、铁罐和优质的复合膜、铝箔包装等。分作物设计图案，将图案印在专用包装袋上，这样既美观大方，又便于运输和保管。

（5）包装计量准确无误。种子包装时所用的计量器，必须是经过计量单位强检的器具。在计量上力求准确无误，尽量减少误差，切不可从自身利益出发，缺斤少两，损害农民的利益和包装种子的信誉。要增强种子信誉，提高服务质量。实行袋装的种子，要严格按照国家的种子质量标准，把好质量关，使种子的纯度、净度、水分、色泽度等指标符合国标要求。

（6）种子包装上印刷的图文要醒目明了。依据《种子法》要求，在包装材料上必须用醒目的着色印刷简单的品种栽培说明及品种名称、产地，标注作物种类、种子类别、种子经营许可证编号、质量指标、检疫证明编号、净含量、生产年月、生产商名称、生产地址以及联系方式等，使用户购种一目了然。

2. 种子保管

要规范种子保管，防止出现种子变质、机械混杂等，保证种子在保管过程中的质量安全，为农业生产和种子客户提供合格的农作物种子，让农民用上放心种。种子保管质量，一是种子本身原有的优良特性，即丰产性、抗逆性及品质状况等；二是农作物的适宜收获日期，收获过早、过迟、过嫩、过老，都不利于保持种子质量；三是收获后的种子必须经过贮藏过程，并在贮藏过程中保持其原有的质量标准。

(1)保持干燥的贮存条件。一是种子本身的干燥，二是贮藏条件的干燥。据测试，种子含水量每下降2.5%，种子寿命就可增加1倍。种子含水量高于14%，附着在种子表皮的霉菌就会加快繁殖，导致种子发芽率低。如果将同一品种含水量14%的种子与含水量11.5%的种子进行比较，后者的寿命为前者的2倍；如果种子含水量干燥至9%，寿命就会延长4倍。从中可以看出，干燥的种子对保持其贮藏品质有着极为密切的关系。但种子是否越干越好，则应根据人们的需要和种子的特性而定。对于大多数农作物种子来说，干燥条件是有利于保持种子质量的。

(2)保持低温贮藏条件。种子呼吸和微生物的活动，与温度有着直接的关系。一般在20～35℃时，种子呼吸和微生物的生命活动会随着温度增高而加强。超过55℃以上，种子的呼吸和微生物的活动就会迅速减弱，并导致种子失去活力和使用价值。20～40℃时微生物繁殖最旺盛，破坏性最大，所以在贮藏期间，把气温控制在20℃以下(最好是15℃)，即使种子水分较高，但因微生物活动受到阻碍，种子的呼吸也能处于正常状态。若超过20℃以上，水分含量较大或超过安全水分，就会使种子呼吸和微生物生命活动加强，种堆发热，种子活力丧失，失去价值；如果种子含水分高并处于低温贮藏的条件，则易受冻害而死亡；如种子含水量低，对寒冷的抵抗力就强。所以，一般种子贮藏期间的最适温度应在15～20℃，相对湿度为60%～70%。

(3)把好"一关"，做到"四查"。"一关"即把好种子入库水分关，要坚决做到不符合水分含量要求的种子不入库。"四查"即对入库种子随时检查水分、温度、发芽率、虫蛀等，发现问题及时解决。

(4)合理通风，保证种子质量。为提高种子贮藏的稳定性，在高温、高湿季节，原则上种子以密闭贮藏为主，气温下降季节或仓内温、湿度较高时要通风。

自然通风，应准确掌握仓内温、湿度与仓外空气温、湿度状况，当仓外温度、湿度两项指标低于仓内，或一项指标相同，一项低于仓内时都可通风，反之不能通风。机械通风，适用于散装种子堆的降温散湿。

第二节　农药营销

农药是指用来防治农、林、牧业有害生物（害虫、害蛹、病原菌、线虫、杂草及鼠类等）和调节植物生长发育的化学药品。

农作物产量严重受病、虫、草害的影响。由于使用化学农药，全世界每年可挽回农产品损失量的20%～25%，价值1 000多亿美元。现在农药已广泛应用于农业生产的全过程，已成为农业生产不可缺少的生产资料。

一、农药的分类及其作用

1. 按主要用途分类

农药可以分为杀虫剂、杀蛹剂、杀菌剂、杀线虫剂、除草剂、植物生长调节剂、昆虫生长调节剂、杀鼠剂等。

2. 按化学结构分类

现有的农药，可以分为无机化学农药和有机化学农药。目前无机化学农药品种极少，而有机化学农药品种却越来越多，可分为有机氯类、酚类、酸类、醚类、苯氧羧酸类、有机金属类以及多种杂环类等。

3. 按来源分类

（1）矿物源农药：矿物源农药是指来源于天然矿物的无机化合物，如砷化合物（砒霜）等。过去在有机合成农药不发达的时期，常用砷酸铅、砷酸钙这类天然矿物原料作农药。由于它们的毒性大、药效低，已逐渐被淘汰，仅有少数矿物农药如石灰硫磺合剂、波尔多液、王铜（氧氯化铜）等还在使用。在使用矿物源农药时必须注意药害。施用时小心谨慎，注意喷药量，选择适宜的天气施药。

（2）生物源农药：生物源农药是利用天然生物资源（如植物动物、微生物）开发的农药，可以分为植物源农药、动物源农药和微生物农药。

①植物源农药：种类繁多，性能也各不相同。如除虫菊酯、烟碱、鱼藤酮、黎芦碱等具有杀虫活性；藤黄具有杀菌活性；海藻酸钠抗烟草花叶病；川楝、苦楝具有拒食性能；丁香油具有引诱果蝇的性能；香茅油有驱逐蚊子的作用；油菜素内酯具有调节植物生长发育的作用；芝麻素具有杀虫剂的增效作用。目前，在直接使用天然植物的基础上，研发了不少植物源农药的制剂，如鱼藤酮乳油、楝素乳油、皂素烟碱可溶性乳剂、双素碱水剂等。

②动物源农药：动物源农药不如植物源农药那么多，有的处于研究阶段，尚未商品化。例如，斑蝥产生的斑蝥素，沙蚕产生的沙蚕毒素，具有毒杀有害生物的活性。昆虫分泌产生的微量化学物质，如蜕皮激素和保幼激素，具有调节昆虫生长发育的功能。昆虫外激素，即昆虫产生的作为种内或种间传输信息的微量活性物质，具有引诱、刺激、防御的功能。目前，应用较多是性引诱剂，可以引诱昆虫，达到测报害虫发生和防治的目的。

③微生物农药：包括农用抗生素和活体微生物。农用抗生素是由抗生菌发酵产生的，具有农药功能的代谢产物，如井冈霉素、春雷霉素、有效霉素等，可以用来防治真菌病害；链霉素、土霉素可以用来防治细菌病害；浏阳霉素可以用来防治螨类；最新开发的阿维菌素可以用来杀灭害虫、害螨、家畜体内外寄生虫，用量少、效果好。活体微生物农药是利用有害生物的病原微生物，使有害生物本身得病，丧失危害能力。例如，白僵菌、绿僵菌是真菌杀虫剂（即本身是真菌，具有杀虫活性），苏云金杆菌是细菌杀虫剂，核多角体病毒是病毒杀虫剂，鲁保一号是真菌除草剂。

（3）化学合成农药：是由人工研制合成的农药，目前为有机合成农药。合成农药的成分复杂、品种多、生产量大，应用范围较广。其中，很多品种药效很高，被称为高效农药或超高效农药。例如，甲磺隆、绿磺隆、苯磺隆等都是超高效除草剂，每亩用量仅几克到十几克。此外，拟除虫菊酯类农药氯氰菊酯、溴氰菊酯等，是仿除虫菊素合成的仿生农药，也是农田单位面积用量极小的超高效农药。今后化学合成农药还有很大的发展前途。

二、常用农药使用技术

农药品种繁多，随着人们环保意识的增强，一些高效、低毒、低残留品种在不断研制并投入生产，一些剧毒、高残留的农药逐渐淘汰。

1. 常用杀虫剂

(1)有机磷类杀虫剂：这是发展速度最快、品种最多、使用最广泛的一类药剂，具有药效高，杀虫作用方式多样，在生物体内易降解，对人、畜无积累毒性等特点。

①敌百虫：属高效、低毒、广谱性杀虫剂，具强烈的胃毒作用，并兼有触杀作用。敌百虫除有80%、90%原药可直接兑水使用外，还有80%和85%敌百虫可溶性粉剂、50%可湿性粉剂、50%乳油、25%和5%粉剂及畜用敌百虫片剂等剂型，广泛用于防治农林害虫及家畜内外寄生虫等。注意敌百虫以胃毒为主，对刺吸式口器害虫效果差，不宜使用。根据其遇碱转变为毒性更强的敌敌畏的特点，在用晶体或可溶性粉剂时宜加入兑水量0.1%以下的洗衣粉，可提高药效，但应现配现用，否则分解失效。

②毒死蜱：是广谱杀虫、杀螨剂，具有胃毒和触杀作用，在土壤中挥发性较高，适于防治柑橘潜叶蛾、桃蚜、介壳虫、小绿叶蝉、茶尺蠖、茶叶瘿螨等。常用剂型包括40%、48%毒死蜱乳油，14%毒死蜱颗粒剂。毒死蜱在碱性介质中易分解，可与非碱性农药混用。

③辛硫磷：属高效、低毒、低残留、广谱性杀虫剂，具胃毒及触杀作用，无内吸作用。对各种鳞翅目幼虫(甚至高龄幼虫)有特效。对多种农业害虫、卫生害虫、仓储害虫都有良好效果，还可用于防治蛴螬、蝼蛄等地下害虫。辛硫磷易被光解为无毒化合物，田间施药3～4天即分解失效，故适合对“果、蔬、茶”使用。大田施药时应尽量避免阳光直接照射，最好在阴天或晴天的下午4时后进行。现有剂型为50%、45%乳油、5%颗粒剂。

(2)氨基甲酸酯类杀虫剂：氨基甲酸酯类杀虫剂是一类含氮元素并具杀虫作用的化合物。由于原料易得，合成简便，选择性强，毒性较低，无残留毒性，现已成为一个重要类型。

①甲萘威：又称西维因，为广谱性杀虫剂，具胃毒、触杀作用。特别对

当前不易防治的咀嚼式口器害虫（如棉铃虫等）和内吸磷等杀虫剂产生抗性的害虫，有良好防效。若将其与乐果、敌敌畏等农药混用，有明显增效作用。该药对蜜蜂敏感。常用剂型有25%、50%可湿性粉剂和40%浓悬浮剂。

②异丙威：又称叶蝉散，为速效触杀性杀虫剂，见效快，持效短，仅3～5天。该药具选择性，特别对叶蝉、飞虱类害虫有特效。对蓟马也有效，对天敌安全。现有剂型为2%、4%粉剂、10%可湿性粉剂、20%乳油、20%胶悬剂。与异丙威性质相近似的还有速灭威、巴沙、混灭威等。

③抗蚜威：又称辟蚜雾，属对蚜虫有特效的选择性杀虫剂，以触杀、内吸作用为主，20℃以上有一定熏蒸作用。杀虫迅速，能防治对有机磷杀虫剂有抗性的蚜虫，持效期短，对天敌安全。剂型有50%可湿性粉剂及50%水分散颗粒剂等。

④吡虫啉：又称咪蚜胺，属强内吸杀虫剂。对蚜虫、叶蝉、粉虱、蓟马等效果好，对鳞翅目、鞘翅目、双翅目昆虫也有效。由于该药具有优良内吸性，特别适于种子处理和作颗粒剂使用。对人、畜低毒。常见剂型有10%、15%可湿性粉剂。

⑤丁硫克百威：又称好年冬，为克百威的低毒化衍生物。该药具有触杀、胃毒、内吸作用，持效期长，可防治多种害虫。对人、畜中等毒。常见剂型有5%颗粒剂、15%乳油。

（3）拟除虫菊酯类杀虫剂：此类杀虫剂是模拟天然除虫菊素合成的产物。具有杀虫谱广、击倒力极强、杀虫速度极快、持效期较长、对人畜低毒、几乎无残留等特点，以触杀为主并兼具胃毒作用，但对蜜蜂、蚕毒性大，产生抗药性快，应合理轮用和混用。

①联苯菊酯：又名天王星，具触杀、胃毒作用。对人、畜中等毒。用于防治鳞翅目幼虫、蚜虫、叶蝉、粉虱、潜叶蛾、叶螨等。常见剂型有2.5%、10%乳油。

②甲氰菊酯：又名灭扫利，具触杀、胃毒及一定的驱避作用。对人、畜中等毒。用于防治鳞翅目、鞘翅目、同翅目、双翅目、半翅目等害虫及多种害螨。常见剂型为20%乳油。

③溴氰菊酯：又名敌杀死，具强触杀作用，兼具胃毒和一定的杀卵作

用。该药对植物吸附性好，耐雨水冲刷，残效期长达 7 ~ 21 天，对鳞翅目幼虫和同翅目害虫有特效。对人、畜中等毒。常见剂型有 2.5% 乳油、25% 可湿性粉剂。

④氰戊菊酯：又名速灭杀丁，具强触杀作用，有一定的胃毒和拒食作用，效果迅速，击倒力强。对人、畜中毒，对鱼、蜜蜂高毒。用于防治鳞翅目、半翅目、双翅目的幼虫。常见剂型为 20% 乳油。

⑤三氟氯氰菊酯：又名功夫，具强触杀和胃毒、驱避作用，速效、杀虫谱广。对鳞翅目、半翅目、鞘翅目的害虫均有良好的防治效果。对人、畜中等毒。常见剂型有 2.5% 乳油。

⑥氟胺氰菊酯：又名马扑立克，具触杀及胃毒作用，为广谱杀虫、杀螨剂。用于防治蚜虫、叶蝉、温室白粉虱、蓟马及鳞翅目害虫。对人、畜中等毒。常见剂型有 24% 乳油，10%、20%、30% 可湿性粉剂。

（4）沙蚕毒素类杀虫剂：该药是一类含氮元素的有机合成杀虫剂，在虫体内可形成有毒物质沙蚕毒素，阻断乙酰胆碱的传导刺激作用，达到杀虫效果。

①杀螟丹：又称巴丹，属广谱性触杀、胃毒杀虫剂，兼有内吸和杀卵作用。对人、畜中等毒，对蚕毒性大，对十字花科蔬菜幼苗敏感。剂型有 50% 可溶性粉剂。

②杀虫双：高效、中等毒、广谱性杀虫剂。具强触杀，胃毒，兼具熏蒸、内吸和杀卵作用。对家蚕毒性很大，桑园内禁用。剂型有 25% 水剂，3%、5% 颗粒剂，5% 包衣大粒剂。

（5）苯甲酰脲类杀虫剂：该类杀虫剂属抗蜕皮激素类杀虫剂，昆虫由于蜕皮或化蛹障碍而死亡，有些则干扰 DNA 合成而绝育。

①除虫脲：又称灭幼脲一号，以胃毒作用为主，抑制昆虫表皮几丁质合成，阻碍新表皮形成，致幼虫死于蜕皮障碍，卵内幼虫死于卵壳内，但对不再蜕皮的成虫无效。对鳞翅目幼虫有特效（但对棉铃虫无效），对双翅目、鞘翅目昆虫也有效。对人、畜毒性低，对天敌安全，无残毒污染，但对家蚕有剧毒，蚕区应慎用。剂型有 25% 可湿性粉剂和 20% 浓悬浮剂。

②定虫隆：又称抑太保，与除虫脲相近似，但对棉铃虫、红铃虫也有防效，施药适宜在低龄幼虫期，杀卵应在产卵高峰至卵盛孵期为宜。剂型有

5%乳油。

(6)生物源杀虫剂:生物源杀虫剂是利用微生物来防治害虫,是目前综合防治中提倡使用的一类杀虫剂。

①阿维菌素:是新型抗生素类杀虫、杀螨剂,具触杀和胃毒作用。对于鳞翅目、鞘翅目、同翅目、斑潜蝇及螨类有高效。对人、畜低毒。常见剂型有1.0%、0.6%、1.8%乳油。

②苏云金杆菌:该药剂是一种细菌性杀虫剂,杀虫的有效成分是细菌及其产生的毒素。原药为黄褐色固体,属低毒杀虫剂,可用于防治直翅目、双翅目、膜翅目,特别是鳞翅目的多种害虫。常见剂型有可湿性粉剂(100亿活芽孢/克)。Bt乳剂(100亿活芽孢/毫升)可用于喷粉、喷雾、灌心等,也可用于飞机防治。该药与敌百虫、菊酯类等农药混合使用,效果好、速度快,但不能与杀菌剂混用。

③白僵菌:该药是一种真菌性杀虫剂,不污染环境,害虫不易产生抗性。用于防治鳞翅目、同翅目、膜翅目、直翅目等害虫。对人、畜及环境安全,对蚕感染力强。常见剂型为粉剂(每克菌粉含有孢子50亿~70亿个)。

④核多角体病毒:该药是一种病毒杀虫剂,具有胃毒作用。对人、畜、鸟、益虫、鱼及环境安全,对植物安全,害虫不易产生抗药性,但不耐高湿,易被紫外线照射失活,对害虫作用较慢。常见剂型为粉剂、可湿性粉剂,适于防治鳞翅目害虫。

⑤鱼藤酮:该药为一种植物性杀虫剂,有效成分来自于植物鱼藤,对人、畜中等毒,对害虫具有很强的触杀和胃毒作用,也有一定驱避作用。该药对鱼类高毒,遇碱易分解,切忌在鱼塘附近使用,也不可与其他碱性农药混用。常见剂型有2.5%、5%、7.5%乳油、4%粉剂,可用于防治蚜虫和鳞翅目幼虫。

(7)混合杀虫剂:混合杀虫剂是两种或两种以上的杀虫剂混合配制而成,可做到一药多用、省工省力。

①增效氰马:又名灭杀毙,由氰戊菊酯、马拉硫磷和增效磷混配而成。以触杀、胃毒作用为主,兼有拒食、杀卵、杀蛹作用。用于防治蚜虫、叶螨、鳞翅目害虫。对人、畜中毒。常见剂型有21%乳油。

②菊乐：又名速杀灵，由氰戊菊酯和乐果按1:2混配而成，具触杀、胃毒及一定的内吸、杀卵作用。用于防治蚜虫、叶螨及鳞翅目害虫。对人、畜中等毒。常见剂型为30%乳油。

③氰久：又名丰收菊酯，由3.3%氰戊菊酯和16.7%久效磷混配而成，具触杀、胃毒及内吸作用。用于防治蚜虫、叶螨及鳞翅目害虫，对人、畜高毒。常见剂型为20%乳油。

④机油·溴氰：又名增效机油乳剂、敌蚜螨，由机油和溴氰菊酯混配而成，具强烈触杀作用，为广谱性的杀虫、杀螨剂。用于防治蚜虫、叶螨、介壳虫以及鳞翅目幼虫等。对人、畜低毒。常见剂型有为85%乳油。

2. 常用杀螨剂

从防治对象可以看出，许多杀虫剂都兼有杀螨效果，有时很难将杀虫剂与杀螨剂分开，一般按其主要作用归类。

（1）浏阳霉素：为抗生素类杀螨剂。对多种叶螨有良好的触杀作用，对螨卵有一定的抑制作用。对人、畜低毒，对植物及多种天敌安全。对于鳞翅目、鞘翅目、同翅目、斑潜蝇也有高效。常见剂型为10%的乳油。

（2）噻螨酮：又称尼索朗，对螨卵、幼螨、若螨具强杀作用。药效迟缓，一般施药后7天才显药效。残效达50天左右。属低毒杀螨剂。常见剂型有5%乳油、5%可湿性粉剂。

（3）三唑锡：是一种触杀性强的杀螨剂，可杀灭若螨、成螨及夏卵，对冬卵无效。对人、畜中等毒。常见剂型有25%可湿性粉剂。

（4）克螨特：具有触杀、胃毒作用，无内吸作用。对成螨、若螨有效，杀卵效果差。对人、畜低毒，对鱼类高毒。常见剂型为73%乳油。

（5）苯丁锡：又名托尔克。对害螨以触杀为主，作用缓慢。对幼螨、若螨、成螨有效，对卵效果不好。对人、畜低毒，但对人眼睛、皮肤和呼吸道刺激性较大。该药为感温型杀螨剂，22℃以下时活性降低，15℃以下时药效差，因而冬季勿用。常见剂型有25%、50%可湿性粉剂、25%悬浮剂。

（6）唑螨酯：又称杀螨王，对螨类以触杀作用为主，杀螨谱广，并具有杀虫治病作用。除对螨类有效外，对蚜虫、鳞翅目害虫和白粉病、霜霉病等也有良好的防效。对人、畜中等毒。常见剂型为5%悬浮剂。

3. 常用杀菌剂

杀菌剂除按作用方式分为保护剂和治疗剂外，生产上也常按是否能被植物吸收和传导分为非内吸性杀菌剂和内吸性杀菌剂。

（1）非内吸性杀菌剂：

①波尔多液：是由硫酸铜和石灰、水按一定比例配成的天蓝色胶悬液，呈碱性，有效成分为碱式硫酸铜。一般应现配现用，生产上多用等量式，即硫酸铜、石灰、水按 1∶1∶100 的比例配制。还有石灰半量式、石灰倍量式等，应视作物而选择。此药是一种良好的保护剂，应在植物发病前施用，防治谱广，但对白粉病和锈病效果差。使用时可直接喷雾，一般药效可维持 15 天左右。对易受铜素药害的植物，如桃、李、梅、鸭梨、苹果等，可用石灰倍量式波尔多液，以减轻铜离子产生的药害。对于易受石灰药害的植物，可用石灰半量式波尔多液。在植物上使用波尔多液后一般要间隔 20 天才能使用石硫合剂，喷施石硫合剂后一般也要间隔 10 天才能喷施波尔多液，以防发生药害。

②石硫合剂：是由石灰、硫磺加水按 1∶1.5∶13 的比例熬煮而成的。过滤后母液呈透明琥珀色，具较浓臭蛋气味，呈碱性，具杀虫、杀螨、杀菌作用。其使用浓度因植物种类、防治对象及气候条件而异。北方冬季果园用 3～5 波美度，而南方用 0.8～1 波美度为宜，可防除越冬病菌、果树介壳虫及一些虫卵。在作物生长期则多用 0.2～0.5 波美度的稀释液，可防治病害与红蜘蛛等害虫。植株大小和病情不同用药量不同。该药剂还可防治白粉病、锈病及多种叶斑病。

（2）内吸性杀菌剂：

①甲霜灵：具内吸和触杀作用，在植物体内能双向传导，耐雨水冲刷，残效期 10～14 天，是一种高效、安全、低毒的杀菌剂。对霜霉病、疫霉病、腐霉病有特效，对其他真菌和细菌病害无效。常见剂型有 25% 可湿性粉剂、40% 乳剂、35% 粉剂、5% 颗粒剂。该药剂可与代森锌混合使用，提高防效。

②甲基托布津：为一种广谱性内吸杀菌剂，对多种植物病害有预防和治疗作用。残效期 5～7 天。常见剂型有 50%、70% 可湿性粉剂，40% 胶悬剂。

（3）农用抗生素类：

①农抗 120：是一种嘧啶核苷类杀菌抗生素，属于低毒、广谱、无内吸性杀菌剂，有预防和治疗作用。该药剂具有无残留、不污染环境、对植物和天敌安全，对多种植物病原菌有较好抑制作用，对植物有刺激生长作用。常见剂型有 2% 农抗 120 水剂。

②武夷菌素：是一种链霉素类杀菌剂。属于低毒、高效、广谱和内吸性强的杀菌抗生素药剂，有预防和治疗作用。对革兰菌、酵母菌有抑制作用，但对病原真菌的抑制活性更强。具有无残留、无污染，不怕雨淋，易被植物吸收，能抑制病原菌的生长和繁殖的特点。

4. 杀线虫剂

（1）线虫必克：是由厚孢轮枝菌研制而成的微生物杀线虫剂。属于低毒性药剂，对人的皮肤和眼睛无刺激作用，对植物安全。厚孢轮枝菌在适宜的环境条件下产生分生孢子，分生孢子萌发产生的菌丝寄生于线虫的雌虫和卵，使其致病死亡。

（2）棉隆：又名必速克，为广谱性的熏蒸性杀线虫、杀菌剂。对人、畜低毒，对人的眼睛有轻微刺激作用，对鱼、虾中等毒，对蜜蜂无毒。本产品易在土壤中扩散，能与肥料混用，不会在植物体内残留，不但能全面持久地防治多种地下线虫，而且能兼治土壤中的真菌、地下害虫。目前，所使用的主要剂型为 90% 棉隆粉剂。

（3）威百亩：属于低毒杀线虫剂，对人的眼睛有刺激作用，对鱼高毒，对蜜蜂无毒。对线虫具有熏杀作用，多作土壤熏蒸剂，适用于播种前的土壤处理，对线虫的杀伤快速、高效，在土壤中残留时间短，对环境安全。同时，对植物病原菌和杂草也具有较强的杀灭作用。目前，所使用的主要剂型为 35% 威百亩水剂。

（4）灭线磷：是一种有机磷类高效触杀性杀线虫剂，在酸性溶液中稳定，在碱性介质中迅速分解，对光和温度稳定性好。具有强烈的触杀作用，并兼有胃毒作用，无熏蒸作用和内吸传导作用。根施后很少传到地上部分，残留量少，残留期短，降解产物对人畜无危害，环境较安全。对蔬菜和观赏植物等植物的根结线虫有特效，并对地下害虫鳞翅目、鞘翅目的幼虫和直翅目、膜翅目也具有良好的防治效果。主要剂型有 10% 灭线磷颗粒剂和40%灭线磷乳油。

三、农药安全使用

农药大多对人、畜和其他生物都具有不同程度的毒性，所以，在使用农药防治农业植物病虫害的同时，要做到对人、畜安全，对植物安全，对环境安全。

1.农药的安全使用原则

农药是重要的农业生产资料，对农业有害生物的应急防控有着不可替代的作用，同时农药也是一种有毒易燃的物质。农药使用要求的技术性强，使用得好，可以防治农业有害生物，保护农业生产安全；使用不当，则会造成作物药害、农药残留量超标、环境污染、人畜中毒事故的发生。

（1）自觉抵制禁用农药。掌握国家明令禁止使用的甲胺磷、甲基对硫磷、对硫磷、久效磷、磷胺等23种农药，以及甲拌磷、甲基异柳磷、特丁硫磷、甲基硫环磷、治螟磷、内吸磷、克百威、涕灭威、灭线磷、环磷、蝇毒磷、地虫硫磷、氯唑磷、苯线磷等14种对蔬菜、果树、茶叶、中草药材限制使用的农药。在生产中要严格遵守相关规定，限制选用，并积极宣传。

（2）选用对路农药。市场上供应的农药品种较多，各种农药都有自己的特性及各自的防治对象，必须根据药剂的性能特点和防治对象的发生规律，选择安全、有效、经济的农药，做到有的放矢，药到"病虫"除。

（3）科学使用农药。农作物病虫防治，要坚持"预防为主，综合防治"的方针，在搞好农业、生物、物理防治的基础上，实施化学药剂防治。开展化学防治，把握好用药时期。绝大多数病虫害在发病初期危害轻，防治效果好；大面积暴发后，即使多次用药，损失也很难挽回。因此，要坚持预防和综合防治，尽可能减少农药的使用次数和用量，以减轻对环境及产品质量安全的影响。

（4）采用正确的施药方法。施药方法很多，各有利弊，应根据病虫的发生规律、危害特点、发生环境等情况确定。例如，防治地下害虫，可用拌种、毒饵、毒土、土壤处理等方法；防治种子带菌的病害，可用药剂拌种或温汤浸种等方法。由于病虫危害的特点不同，施药的重点部位也不同，如防治蔬菜蚜虫，喷药重点部位在菜苗生长点和叶背；防治黄瓜霜霉病，着重喷叶背；防治瓜类炭疽病，叶正面是喷药重点。

（5）掌握合理的用药量和用药次数。用药量应根据药剂的性能、不同的作物、不同的生育期、不同的施药方法确定。如作物苗期用药量比生长中后期少。施药次数要根据病虫害发生时期的长短、药剂的持效期，以及上次施药后的防治效果来确定。

（6）注重轮换用药。对一种防治对象长期反复使用一种农药，很容易产生抗性，久而久之，施用这种农药就无法控制这种防治对象的危害。因此，要注意对防治对象轮换，交替施用不同的农药。

（7）严格遵守安全间隔期规定。农药安全间隔期是指最后一次施药到作物采收时的天数，即收获前禁止使用农药的天数。在实际生产中，最后一次喷药到作物收获的时间应比标签上规定的安全间隔期长。为保证农产品残留不超标，在安全间隔期内不能采收。

2. 对人、畜安全

（1）农药的毒性：农药毒性是指农药对人、畜等的毒害特性。人们在使用农药的过程中，如没有做到安全用药，农药可通过口、皮肤、呼吸道而到达体内，常会引起中毒。农药中毒主要表现有急性中毒、亚急性中毒和慢性中毒 3 种，也称为农药的急性毒性、亚急性毒性和慢性毒性。

①急性毒性：是指农药一次经口服、皮肤接触或通过呼吸道吸入一定剂量的农药，在短期内（数十分钟或数小时内）表现恶心、头痛、呕吐、出汗、腹泻和昏迷等中毒症状，甚至死亡。衡量农药急性毒性的高低，通常多用大白鼠一次受药的致死中量（LD_{50}）或致死中浓度（LC_{50}）来表示。致死中量是指杀死供试生物种群 50% 时，所用的药物剂量（毫克/千克体重）或浓度（毫克/升）。一般 LD_{50} 或 LC_{50} 的数值越小，药物毒性越高。

②亚急性毒性：指低于急性中毒剂量的农药，长期连续地经口、皮肤或呼吸道进入动物体内，在 3 个月以上才引起与急性中毒类似症状的毒性。一般以微量农药长期喂养动物，至少经过 3 个月，观察和鉴定农药对动物所引起的各种形态、行为、生理、生化的变异，如有无中毒症状、取食量的变化、体重的增减、血中胆碱酯酶活性有无下降等，来测定亚急性毒性。当测定进入动物体内引起中毒的每日最低剂量，对安全使用农药和制定农产品上允许残留药量，有重要参考价值。

③慢性毒性:指长期经口、皮肤或呼吸道吸入小剂量药剂后,逐渐表现出中毒症状的毒性。慢性中毒症状主要表现为致癌、致畸、致突变。这种毒害还可延续给后代。故农药对环境的污染所致的慢性毒害,更应引起人们的高度重视。

(2)防止人、畜中毒的措施:农药的急性中毒,大多是由于误食、滥用、操作不当,对剧毒农药管理不严所引起。农药的慢性中毒,主要是使用不当所造成。应针对这些中毒原因,采取安全用药措施,谨防农药中毒。

①健全农药保管措施:农药要有专人、专仓或专柜保管,并须加锁,要有出入登记账薄,绝对不能和食物混放一室,更不能放在卧房。用过的空瓶、药袋要收回妥善处理,不得随意拿放,更不得盛装食物;用药的器具也要有明显的标记,不可随意乱用。如果发现药瓶上标签脱落,应随即补贴,以防误用。

②严格遵守操作规程:配药或施药时,要穿工作服,戴口罩和手套,严禁用手直接接触农药。施药时,要选派身体健康的成年人,小孩、老人、孕期及哺乳期妇女、体弱多病、皮肤病患者等不宜施药。施药时不得吃东西、饮酒、抽烟和开玩笑;一次施药不要超过 6 小时;不要逆风喷药;避免中午高温施药。施药后要用肥皂洗净手、脸,换洗衣裤等,不得不洗手就进食。凡接触过药剂的用具,应先用5% ~10% 火碱水或石灰水浸泡,再用清水洗净。在人口密集的地区、居民区等处喷药时,要尽量安排在夜间进行,若必须在白天进行,应采取防护措施。如在施农药的地块竖立警示标志,防止人、畜误入造成意外事故。

③控制剧毒和高残留农药的滥用:农药的使用要严格按照国家的农药安全使用标准,严格控制剧毒和高残毒农药的滥用,不得随意提高浓度、扩大使用范围和增加使用次数。特别对于一些既可观赏又可食果的农业植物,要注意最后一次施药与果实收获的安全间隔期,以及国家规定的农药在果实上的最大残留允许量,不得超标。

(3)农药中毒的解救办法:农药中毒多属急性发作且严重,必须及时采取有效措施。

①急救处理:是在医生未来诊治之前,为了不让毒物继续存留在人体

内而采取的一项紧急措施。凡是口服中毒者，应尽早进行催吐（用食盐水或肥皂水催吐，但处于昏迷状态者不能用）、洗胃（插入橡皮管灌入温水反复洗胃）及清肠（若毒物入肠，则可用硫酸钠30克加入200毫升水，一次喝下清肠）。如因吸入农药蒸气发生中毒，应立即把患者移置于空气新鲜暖和处，松开患者衣扣，并立即请医生诊治。

②对症治疗：在农药中毒以后，若不知由何农药引起，或知道却没有解毒药品，就应果断地边采用对症疗法，边组织送往有条件的医院抢救治疗。对呼吸困难患者，要立即输氧或人工呼吸（但氯化苦中毒忌人工呼吸）；对心搏骤停患者，可用拳头连续叩击心前区3~5次来起搏心跳；对休克患者，应让其脚高头低并注意保暖，必要时需输血、氧或人工呼吸；对昏迷患者，应将其放平，头稍向下垂，使之吸氧，或针刺人中、内关、足三里、百会、涌泉等穴并静脉注射苏醒剂加葡萄糖；对痉挛患者，用水合氯醛灌肠或肌注苯巴比妥钠；对激动和不安患者，也可用水合氯醛灌肠或服用醚缬草根滴剂15~20滴；对肺水肿患者应立即输氧，并使用较大剂量的肾上腺皮质激素、利尿剂、钙剂和抗生素及小剂量镇静剂等。总之，对农药中毒的患者，首先要立即将患者抬离中毒现场，再尽其所能进行对症治疗，因不同农药中毒的治疗差异，所以，还是送往有条件的就近医院抢救为妥。

3. 对植物安全

对植物安全主要是指在农药的使用过程中，对所栽培的农业植物不产生药害。

（1）药害：药害是指农药使用不当，对植物的生长发育产生不利影响，导致产量和质量下降。农药对植物的药害主要可分为急性药害和慢性药害。急性药害是在用药几小时或几天内叶片很快出现斑点、失绿、黄化等，甚至出现"烧焦"或"畸形"；果实变褐，表面出现药斑；根系发育不良或形成黑根、"鸡爪根"；种子不能发芽或幼苗畸形，严重时落叶、落花、落果，甚至全株枯死。慢性药害是用药后，药害现象出现相对缓慢，如植株矮化，生长发育受阻，开花结果延迟，落花落果增多，产量低，品质差等。另外，农药对植物和药害还有残留药害和二次药害等。

（2）产生药害的原因及预防措施：产生药害的原因很多，主要有药剂

（如理化性质、剂型、用药量、农药品质、施药方法等）、植物（如植物种类、品种、发育阶段、生理状态等）和环境条件（如温度、湿度、光照、土壤等）三大方面。这些因素在自然环境中是紧密联系又相互影响的。

①农药种类选择不当容易产生药害。如波尔多液含铜离子浓度较高，如果用于木本植物、草本花卉的幼嫩组织，易产生药害。石硫合剂防治白粉病效果颇佳，但具有腐蚀性及强碱性，用于瓜叶菊等草本花卉时易产生药害。

②部分花卉对某些农药品种过敏容易产生药害。不同植物对农药的耐受力是不同的，即使是同一植物，不同的生育期对农药也有不同的反应。有些花卉性质特殊，即使在正常使用情况下也易产生药害。如桃、李等对波尔多液敏感等。

③在花卉敏感期用药容易产生药害。各种花卉的开花期是对农药较敏感，尽量不要用药，否则容易产生药害，造成落花落果。

④高温、雾重及相对湿度较高时容易产生药害。温度高时，植物吸收药剂及蒸腾较快，使药剂很快在叶尖、叶缘集中过多而产生药害；雾重、湿度大时，药滴分布不均匀也易出现药害。

⑤农药浓度过高、用量过大容易产生药害。如为了防治具有抗性的病虫，随意提高使用浓度和加大用量，容易产生药害。

因此，在使用农药前必须针对产生药害的原因，综合分析，全面权衡，控制不利因素，最后制定出安全、可靠、有效的措施，必要时，可先做小面积试验或试用，以避免作物药害。例如，作物的花期尽量避免用药；草甘膦和百草枯属于灭生性除草剂，在苗圃中注意不要喷到幼苗上；施药最好在天气比较凉爽、温度不高时进行等。如果不慎发生作物药害，必须采取急救措施。根据根施或叶喷的不同用药方式，分别采用清水冲根或叶面淋洗的办法，去除残留毒物。此外，还要加强肥水管理，使作物尽快恢复健康，消除或减轻药害造成的影响。

总之，在作物病虫害的防治过程中，要遵循“预防为主，综合防治”的植保方针，最大限度地发挥抗病虫品种与生物防治等的综合作用，把农药用量控制到最低限度，最大限度地减少农药对环境的污染。

4. 施药安全防护

(1)施药人员应身体健康,经过培训,具备一定植保知识。年老、体弱人员,儿童及孕期、哺乳期妇女,不能进行施药作业。

(2)检查施药药械是否完好。喷雾器中的药液不要装得太满,以免药液溢漏,污染皮肤和防护衣物;施药场所应备有足够的水、清洗剂、急救药箱、修理工具等。

(3)穿戴防护用品。如手套、口罩、防护服等,防止农药进入眼睛、接触皮肤或吸入体内。施药结束后,应立即脱下防护用品,装入事先准备好的塑料袋中。带回后立即清洗 2 ~3 遍,晾干存放。

(4)注意施药时的安全。下雨、大风天气、高温时不要施药;要始终处于上风位置施药,不要逆风施药;施药期间不准进食、饮水、吸烟;不要用嘴去吹堵塞的喷头,应用牙签、草秆或水米疏通。

(5)掌握中毒急救知识。如农药溅入眼睛内或皮肤上,及时用大量清水冲洗;如出现头痛、恶心、呕吐等中毒症状,应立即停止作业,脱掉污染衣服,携农药标签到最近的医院就诊。

(6)正确清洗施药器械。施药药械每次用后要洗净,不要在河流、小溪、井边冲洗,以免污染水源。农药废弃包装物严禁作为他用,不能乱丢,要集中存放,妥善处理。

四、无公害农药使用与环境保护

在施用农药防治蔬菜病虫害时,只能使用无公害农药,每亩用药量必须从实际出发,通过试验,确定经济有效的使用浓度和药量,不宜过高过低。一般杀虫效果 90% 以上、防病效果 80% 以上的称为高效农药;(LD_{50})致死中量值超过 500 毫升/千克体重的称为低毒农药。采收的商品蔬菜要注意农药安全间隔期,使其农药残留量务必低于国家规定的允许标准。

1. 选择适合的农药

(1)优先选择生物农药:常用的生物杀虫杀螨剂有 Bt、阿维菌素、浏阳霉素、华光霉素、鱼藤酮、苦参碱、藜芦碱等;杀菌剂有井冈霉素、春雷霉素、多抗霉素、武夷菌素等。

(2)合理选用化学农药:严禁使用剧毒、高毒、高残留、高生物富集体、高三致(致畸、致癌、致突变)农药及其复配制剂。如甲胺磷、杀虫脒、杀扑磷、六六六、滴滴涕、甲基异柳磷、涕灭威、灭多威、磷化锌、甲拌磷、甲基对硫磷、对硫磷、久效磷、有机汞制剂等。选择高效、低毒、低残留的化学农药。限定使用的化学类杀虫杀螨剂,有敌百虫、辛硫磷、敌敌畏、乐斯本、氯氰菊酯、溴氰菊酯、灭幼脲、除虫脲、噻嗪酮等;杀菌剂,有波尔多液、DT、可杀得、多菌灵、百菌清、甲基托布津、代森锌、乙膦铝、甲霜灵、磷酸三钠等。

2. 掌握无公害蔬菜农药使用技术

(1)对症下药:在充分了解农药性能和使用方法的基础上,根据防治病虫害种类,选用合适的农药类型或剂型。

(2)适期用药:根据病虫害的发生规律,严格掌握最佳防治时期,做到适时用药。要在病害发病初期进行防治,控制其发病中心,防止蔓延,一旦病害大量发生和蔓延就很难防治;对虫害则要求做到"治早、治小、治了",虫害达到高龄期防治效果就差。不同的农药具有不同的性能,防治适期也不一样。生物农药作用较慢,使用时应比化学农药提前2~3天。

(3)科学用药:要注意交替轮换使用不同作用机制的农药,不能长期单一化,防止病原菌或害虫产生抗药性,利于保持药剂的防治效果和使用年限。蔬菜生长前期以高效低毒的化学农药和生物农药混用或交替使用为主,生长后期以生物农药为主。使用农药应推广低容量喷雾法,并注意均匀喷施。

(4)选择正确喷药点或部位:根据不同时期不同病虫害的发生特点确定植株不同部位为靶标,针对性施药,达到及时控制病虫害发生,减少病原和压低虫口数的目的,从而减少用药。例如,霜霉病的发生是由下边叶开始向上发展的,早期防治霜霉病的重点在下部叶片,可以减轻上部叶片染病。蚜虫、白粉虱等害虫栖息在幼嫩叶子的背面,因此,喷药时必须均匀,喷头向上,重点喷叶背面。

(5)合理混配药剂:采用混合用药方法,达到一次施药控制多种病虫害的目的。但农药混配要以保持原有效成分或有增效作用,不增加对人、畜的毒性并具有良好的物理性状为前提。一般各中性农药之间可以混用;中性农药与酸性农药可以混用;酸性农药之间可以混用;碱性农药不能随便与其他农药混用;微生物杀虫剂(如 Bt)不能同杀菌剂及内吸性强的农药混用;混合农药应随配随用。

(6)严格按照期限执行农药安全间隔:菊酯类农药的安全间隔期为 5～7 天,有机磷农药为 7～14 天,杀菌剂中百菌清、代森锌、多菌灵为 14 天以上,其余为 7～10 天。农药混配剂执行其中残留性最大的有效成分的安全间隔。

3. 施药对环境安全

施用农药时,要避免对大气、水域和土壤的污染,要避免杀伤天敌及其他有益生物。

据观测,在田间喷撒农药时只有 10%～30%的药物附着在作物上,其余的则降落在地面上或飘浮于空气中。附着在作物上的药物也只有很少部分渗入作物体内,大部分又挥发进入大气或经雨淋降落到土壤或水域。进入环境的农药,经过挥发、沉降和雨淋作用,在大气、水域和土壤等环境要素之间重复交叉污染,最终将有一部分通过食物链关系进入到最高营养层次的人类体内,造成对人体的累积性慢性毒害。这现已成为世界各国严重关注的环境问题。同时,广谱剧毒农药的使用,也杀伤了大量的天敌和其他有益生物,打破了生态平衡,引起了害虫再猖獗和次要害虫上升为主要害虫等问题。因此,农药使用中要注意环境安全越来越受到重视。

(1)选用高效、低毒、低残留农药:要逐步停止使用剧毒和高残毒农药,选择对病虫、杂草等特有酶系起抑制作用或激发作物抗病虫能力,以及对人、畜等高等动物低毒,施用于绿地易被日光和微生物分解,即使大量使用也不污染环境的农药。对有些高毒的农药,可改用低毒化的剂型,如使用 3%呋喃丹颗粒剂对环境较安全。

(2)选用植物源等天然来源的农药:尽量避免使用化学合成的、化学结构自然界中并不存在的农药。如果农药中的有效成分结构是自然界中天然存在的,这种物质一般都有相应分解它的微生物群,在自然界中容易分解,不致造成对环境的污染。如植物源农药印楝素、拟除虫菊脂类、抗生素、特异性农药、植物防御素等。再如,氨基甲酸脂类化合物结构接近天然物质,在生物体内和环境中也易分解,无累积毒性,也可考虑选用。另外,还可选用生物农药,尽量减少化学农药的使用对环境的污染。

(3)选择合理的施药方法:除了选择对天敌及其他有益生物杀伤小的农药外,还可采用隐蔽施药的方法,尽量减少对天敌的杀伤。如选用种子处理、性引诱剂、毒饵诱杀等方法,较喷雾对天敌杀伤小;喷雾要多选用低容量、超低容量,避免采用喷粉、喷粗雾和泼浇法等。

五、常用农药的质量鉴别

农药"三证"是指农药生产许可证、农药标准证书和农药登记证。每一个生产农药厂家的每一个商品化的农药产品,在农药标签上都必须有"三证"的3个批号。不同厂家生产同一种农药也都有各自的"三证"。如果"三证"不齐全或假冒其他厂家的"三证",这个产品就属于假冒伪劣产品。如果一个农药产品虽然有了"三证",但是,产品的质量实际达不到"三证"规定的要求,也属于劣质次品。因此,"三证"也是检查监督农药产品质量的重要依据。

1. 农药生产许可证

农药是精细化工品,也是有毒物质。为保证农药产品的质量,国家规定生产农药的厂家必须具备特定的厂房、设施、技术、管理等条件,经省、自治区、直辖市化工厅(局)审查上报化工部批准后才能生产。国家对于农药生产有一定的布局和限制,生产许可证就是获得国家批准允许生产的重要证书。

2. 农药标准证书

是农药产品质量指标及其检测方法标准化的规定。每一个商品化的农药都必须制订农药标准,并有一个标准号。没有标准号的农药产品不准进入市场。我国的农药标准分为三级:农资营销员标准、行业标准和国家标准。

(1)农资营销员标准:是由农资营销员或生产厂家自己制定的标准,要经地方技术监督行政部门批准后才能发布实施,并且这个农资营销员标准只有制定标准的厂家施用。农药新产品要投产,必须首先具备生产厂家标准。

(2)行业标准:当一个农药产品已有多个厂家生产,产量增多,质量提高,就需要制定行业标准。一个农药产品的行业标准一经批准颁布,各有关生产厂家都必须遵照执行。行业标准也可叫部颁标准,因为它是由全国农药标准化技术委员会审查通过,由化工部批准并颁布实施的。

(3)国家标准:当一个农药产品在行业标准的基础上,产量有了进一步的增加,质量有了更进一步的提高,则需要制定国家标准。国家标准由全国农药标准化技术委员会审查通过,由国家技术监督局批准颁布实施。

3. 农药登记

为确保农药的质量和药效,在生产、流通、使用过程中对人、畜的安全性,以及使用后对植物、水、土、空气等环境的安全,在农药进入市场之前,生产厂家必须向国家主管农药登记的机构(农业部农药检定所)申请登记,经审查批准发给登记证后,方可组织生产,作为商品销售。农药登记分临时登记和正式登记两类。

(1)临时登记农药生产厂对其生产的农药经过田间小区试验后,为通过示范试验获得进一步的资料和少量的试销、试用,须申请临时登记。申请临时登记时,必须提供生产化学、毒理学、药效、残留、环境生态和标签等详细资料。临时登记有效期一般为1~2年。

(2)正式登记在经过国内田间试验和残留试验取得完整数据,毒理学和环境生态也具备完整的资料,作为正式商品流通的农药,还需申请正式登记。正式登记一般是临时登记的补充,资料更为完善。正式登记有效期为5年。

4. 农药购买知识

农药销售员为保护消费者利益,要把购买农药防止上当受骗的知识教给农民,切实维护农户的利益。不要贪便宜,不要凭老经验,要亲自实践和检验。

六、农药的贮存与运输

农药是有毒物质,也是有一定经济价值的生产物资,必须妥善保管。如果保管不好,会很快变质失效,不但遭受经济方面的损失,还可能造成危害人畜生命的事故。一些容易燃烧、容易爆炸的农药，还会引起火灾或爆炸事件。保管不善、乱存乱取，也会造成取药、用药的不便，有时甚至因为拿错了农药，不仅没能防治病虫害，反倒伤害了农作物，造成减产降质的后果，带来巨大的经济损失。在不少农药中毒的事故中，有不少是由于保管不严造成的。因此，妥善、严格地保管好农药是用好农药的重要保证。

1. 集中保管

在集体单位中，农药集中保管是主要方式。由于贮存的品种多，贮存数量大，贮存时间长，更需要有一个严格的保管制度，让大家遵守执行。

(1)设专职农药保管人员。指定具有一定文化程度，掌握一定农药基本知识和技能的成年人当农药保管员。如果还不具备农药知识，就应进行培训。

(2)设专门农药保管仓库。贮存农药必须有一个固定的屋子或仓库。仓库的门钥匙只有保管人员可以掌握。贮存农药的仓库，不得让儿童、无关人员和动物随意进出，避免不安全因素。

(3)农药要分类存放保管。农药应按杀虫剂、除草剂、杀菌剂、杀鼠剂、植物生长调节剂等分类存放，固体农药和液体农药分别存放，易燃易爆的农药应和其他农药分开存放，不同生产日期的农药也应根据不同的生产日期、贮量而分门别类存放。

(4)必须有严格的登记制度。新的农药存入仓库，要进行登记。登记本上分别注明农药名称、生产厂家、生产日期、有效期、进库日期、进库数量。农药领出后，及时注销领出农药的数量。对于即将到达有效期的农药，应注意优先领出使用。

(5)要定期进行清理检查。存入仓库的农药，力求包装完整，标签齐全、清晰，并且定期进行清理检查。发现有脱落的标签，要及时粘贴或补齐，否则标签对不上号或变成无名药瓶，容易发生错误用药，对农业生产和人身安全都会造成严重的影响。

(6)必须贮存在干燥的地方。农药贮存的地方一定要干燥、阴凉、通风，避免长期受光、受热或受潮而失效。

2. 分散保管

一家一户种地需要使用的农药,也同样要保管好。结合自家农业生产的需要,购买适量的农药,以免贮存过久失效。特别要注意的是,要放在儿童和动物接触不到的地方。如果放在柜内保存,必须严格采用专用柜并加锁。

第三节　肥料基础知识

肥料是指施入土壤或是处理植物的地上部分,能够改善植物营养状况和土壤条件的有机物和无机物。

一、肥料的种类

1. 按元素含量划分

大量元素和微量元素,大量元素如含氮、磷、钾成分的化肥;微量元素如含铁、硼、锌、钙、镁、铜等多种微量元素的化肥。

2. 按合成途径划分

合成肥,如生产上常见的二铵、硫酸钾、尿素等;复混肥、各种专用肥,如果树专用肥、蔬菜专用肥等。

3. 按成分划分

无机肥,如二铵、硫酸钾、尿素等;无机有机复混肥,如果树专用肥、蔬菜专用肥等。

4. 按用途划分

根施肥和叶面肥,叶面肥(也叫根外肥)如氨基酸肥、磷酸二氢钾等。

二、肥料的作用

田间试验表明,化肥施用得当,每千克养分能增产粮食8.5~9.5千克,经济效益较好。有机肥和化肥的作用是一致的,可以互相转化。增施化肥不仅增加了粮食产量,也增加了秸秆产量,使饲料、燃料、肥料的紧张状况得到缓和,有利于畜牧业的发展;不仅满足了社会对副食品的需求,也增加了有机肥返田的肥源。

一些地区土壤有机质含量确有下降的现象，主要原因是种田不施肥、少施肥，或过量单施氮肥而忽视有机肥的返田等。

据不同地区30个试验点连续施肥5～10年的定位试验，在不施或者少施有机肥的情况下，每季每亩施磷肥（五氧化二磷）3～5千克，土壤有效磷含量比试验前增加40%～90%；不施磷肥的，则下降23%～54%。每季每亩施钾肥（氧化钾）5～10千克，土壤有效钾比试验前平均增加20%左右。增施氮肥、磷肥或氮磷钾肥，土壤有机质含量升降幅度很小，影响不大。中国缺磷、缺钾土壤面积日益增加，单靠有机肥返田远不能满足作物的需求，表明增施氮磷或氮磷钾化肥不会造成土壤有机质含量下降，还可改善土壤养分状况，对土壤磷、钾含量的提高尤为明显。

1. 化学肥料

有些盐中含有农作物所需的营养元素，因而在农业上被大量用作化学肥料。化学肥料是用矿物、空气、水等作原料，经过化学加工制成的，大多数都易溶于水、肥效快、养分含量高、增产效果显著，所以群众称它为“庄稼的细粮”。

（1）氮肥：氮是植物需要最多的营养元素之一。在作物体内，含氮量占干物质重的0.3%～5%，仅次于碳。因为氮是叶绿素的成分，施用氮肥可使作物叶子颜色由黄变绿，增强光合作用，提高产量。缺氮时，叶色由绿变黄，光合作用减弱，产量降低。氮还是蛋白质的主要成分，缺少氮元素，会影响蛋白质的形成，作物细胞增长和分裂减慢，叶、茎根都长得慢，叶少、叶窄、根少、茎矮。增加适量氮元素，就可使作物生长繁茂。但氮肥过多，又会引起茎、叶陡长，茎秆柔软，叶子下披，易发生病虫危害，所以氮肥适量施用十分重要。根据氮肥中氮素存在的形态，常把氮肥分为铵态氮肥、硝态氮肥和酰胺态氮肥（尿素）三大类。

（2）磷肥：磷是作物营养的三要素之一，仅次于氮和钾，一般占干物质重的0.2%～1.1%。它是作物体内核酸、磷脂、植素、酶、维生素等生命物质的组成元素，承担着重要的功能。作物缺磷时，新细胞形成困难，作物生长发育受阻，表现为植株矮小，生长缓慢，分蘖少；根系少，发育不良；叶色暗绿、无光泽或呈紫红色茎细，多木质化，花少，果实少；果实不饱满，粒重轻，成熟晚。增施磷肥，可以促进根系发育，早开花、早结实、多开花、多结实，还能增强作物的抗旱能力和抗寒性。但它对作物生长的影响，没有氮素那样明显，一般要到成熟时才能看出施磷的效果。按磷肥的溶解性，可分为水溶性磷肥、弱酸溶性磷肥、难溶性磷肥等。常见磷肥有过磷酸钙、钙镁磷肥、磷矿粉等。

(3)钾肥：钾与氮、磷不同，它是作物体内许多酶的活化剂，可以刺激许多酶活动，促进体内各种代谢，提高作物产量和品质，增强作物抵抗不良环境的能力。作物缺钾，首先表现为老叶的叶尖和叶缘发黄，进一步变褐，最后枯萎呈烧焦状。若新叶出现这种病症，就表明缺钾已相当严重了。目前，常用的钾肥是硫酸钾、氯化钾、钾镁肥、草木灰和窑灰钾肥。

(4)微量元素肥料：在作物体内含量很低的元素叫做微量元素，包括铁、锰、硼、铜、锌、钼、氯。微量元素含量虽少，但作用很大，缺少这些元素时，作物生长不良，会出现一些特殊的症状。给作物施微量肥要对“症”下“药”，缺少哪种元素，就施哪种元素的肥料，病症才能改变，施其他元素的肥料是不能代替的。

(5)复合肥料：化学肥料中，只含氮、磷、钾其中一种的叫单元肥料，含两种或两种以上的叫复合肥料。施用复合肥料，能充分发挥各养分间的配合作用，养分含量高，杂质少，运输、贮存成本低，对土壤不良影响小。复合肥料多制成颗粒状，施用方便，肥效稳，长效。复合肥养分含量都明确标在肥料袋上，习惯按“氮—五氧化二磷—氧化钾”顺序分别用阿拉伯数字来表示，如 13—0—46，则表明 100 千克复合肥中含有效氮 13 千克，有效钾(K_2O)46 千克，不含磷。

常用的复合肥有硝酸磷肥、磷酸铵、硫磷铵、尿磷铵、偏磷酸铵、硝酸钾、氮钾复合肥、磷酸二氢钾、效磷钾复合肥、铵磷钾复合肥等。

2. 有机肥料

有机肥料，农民习惯称“粪”，是农户利用作物残体和人、畜粪便等有机物质就地沤制的一类肥料。有机肥来源广、数量大，含有丰富的有机质和一切营养元素，但养分含量低。世界各国的农业，都是从施有机肥开始的。目前，虽然有机肥施用量相对减少，但从长远来看，化学肥料只能给作物提供些养分，而有机肥则还可以提供丰富的有机质，改良土壤结构，促进土壤微生物活动,提高土壤保肥、保水的能力等,这些都是化肥所不能替代的,所以种地离不开有机肥。

有机肥分为人粪尿、厩肥(又叫畜栏粪或圈粪,是家畜粪便和垫圈材料混合堆积而成的肥料,有羊厩肥、马厩肥、猪厩肥、牛厩肥)和堆肥(以作物秸秆、杂草、落叶、泥土等为主要原料,混合人畜粪尿经堆制腐解而成的有机肥料)。

3. 生物肥料(微生物肥料)

生物肥都以有机质为基础,然后配以菌剂和无机肥混合而成。按照制品中特定的微生物种类,可分为细菌肥料(如根瘤菌肥、固氮菌肥)、放线菌肥料(如抗生菌肥料)、真菌类肥料(如菌根真菌);按其作用机理,分为根瘤菌肥料、固氮菌肥料(自生或联合共生类)、解磷菌类肥料、硅酸盐菌类肥料;按其制品成分,分为单一的微生物肥料和复合(或复混)微生物肥料。复合微生物肥料又有菌、菌复合,也有菌和各种添加剂复合的。

目前市场上主要有:固氮菌类肥料、根瘤菌类肥料、解磷微生物肥料、硅酸盐细菌肥料、光合细菌肥料、芽孢杆菌制剂、分解作物秸秆制剂、微生物生长调节剂类、复合微生物肥料类、与 PGPR 类联合使用的制剂,以及 AM 菌根真菌肥料、抗生菌 5406 肥料等。

三、常用化学肥料使用技术

1. 化肥合理使用

(1)强化环保意识,加强监测管理。加强教育,提高群众的环保意识,使人们充分意识到化肥污染的严重性,参与到防治土壤化肥污染的行动中。注重管理,严格化肥中污染物质的监测检查,防止化肥带入土壤过量的有害物质。制定有关有害物质的允许量标准,用法律法规来防治化肥污染。

(2)增施有机肥,改善理化性质。施用有机肥,能够增加土壤有机质、土壤微生物,改善土壤结构,提高土壤的吸收容量,增加土壤胶体对重金属等有毒物质的吸附能力。根据实际情况推广豆科绿肥,实行“引草入田”、“草田轮作”、粮草经济作物带状间作和根茬肥田等形式种植。另外,作物秸秆本身含有较丰富的养分,推行秸秆还田也是增加土壤有机质的有效措施，绿肥、油菜、大豆等作物秸秆还田前景较好，应加以推广。

(3)普及配方施肥，促进养分平衡。根据作物需肥规律、土壤供肥性能与肥料效应，在以有机肥为主的条件下，产前提出施用各种肥料的适宜用量和比例及施肥方法。推广配方施肥技术可以确定施肥量、施肥种类、施肥时期，有利于土壤养分的平衡供应，减少化肥的浪费，避免对土壤环境造成污染。

(4)应用硝化抑制剂，缓解土壤污染。硝化抑制剂又称氮肥增效剂，能够抑制土壤中铵态氮转化成亚硝态氮和硝态氮，提高化肥的肥效和减少土壤污染。据研究，施用氮肥增效剂后，氮肥的损失可减少20%～30%。由于硝化细菌的活性受到抑制，铵态氮的硝化变缓，使氮素较长时间以铵形式存在，减少了对土壤的污染。

(5)采取多管齐下，改进施肥方法。深施氮肥，主要是指铵态氮肥和尿素肥料。据农业部统计，在保持作物相同产量的情况下，深施节肥的效果显著；碳铵深施可提高利用率31%～32%，尿素可提高5%～12.7%，硫铵可提高18.9%～22.5%。磷肥按照旱重水轻的原则集中施用，可以提高磷肥的利用率，并能减少对土壤的污染。还可施用石灰，调节土壤氧化还原电位等。采用翻耕、深翻和换土等方法，减少土壤重金属和有害元素。

2.常用化肥使用技术

不同化肥的性质不同，要采取不同的使用方法和方式，才能取得高效。

(1)碳酸氢铵：含氮17%左右，是化学性质不稳定的白色结晶，易吸湿分解，易挥发，有强烈的刺鼻、熏眼氨味，湿度越大、温度越高分解越快，易溶于水，呈碱性反应(pH8.2～8.4)。碳酸氢铵是一种不稳定的化合物，常压下70℃时全部分解。在气温20℃时，露天存放1天、5天、10天的损失率分别为9%、48%和74%。在潮湿的环境中，该品易吸水潮解和结块(结块本身就是一种缓慢分解的表现)。在贮存和施用过程中，应防止其挥发损失。适合于各类土壤及作物，宜作基肥施用，追肥时要注意深施覆土。

(2)尿素：含氮46%左右。普通尿素为白色结晶，吸湿性强。目前生产的尿素多为半透明颗粒，并进行了防吸湿处理。在气温10～20℃时吸湿性弱，随着气温的升高和湿度加大，吸湿性也随之增强。尿素属中性肥料，长期施用对土壤没有副作用。施入土壤后，经土壤微生物分泌的尿酶作用，易水解成碳酸铵被作物吸收利用。尿素的肥效比较慢，作追肥时应适当提前。尿素在转化前是分子态的，不能被土壤吸附，应防止随水流失。转化后形成的氨也易挥发，所以尿素也要深施覆土，施后间隔4～6天再灌水。尿素不宜直接作种肥，因为高浓度的尿素直接与种子接触，常影响种子发芽，造成出苗不齐。尿素适合于各类土壤及作物，可作基肥、追肥及叶面喷施用（喷施浓度为1%～2%）。

（3）氯化铵：含氮24%～25%，为白色结晶，易溶于水，吸湿性小，不结块，物理性状好，便于贮存。氯化铵呈酸性，也是生理酸性肥料。酸性土壤、盐碱地及忌氯作物（果树、烟草等）不宜施用氯化铵。氯离子对硝化细菌有一定的抑制作用，施入土壤后氮素的硝化淋失作用比其他氮肥要弱，因此，氯化铵是水田较好的氮肥。施用氯化铵应结合浇水，争取将氯离子淋洗至下层土壤，以减轻它对作物的不利影响。氯化铵不宜作种肥施用。

（4）硝酸铵：含氮33%～35%。硝酸铵有结晶状和颗粒状两种，前者吸湿性很强，后者由于表面附有防湿剂，吸湿性略差一些。硝酸铵易溶于水，酸碱度呈中性。硝酸铵既含有在土壤中移动性较小的铵态氮（NH^{4+}-N），又含有移动性较大的硝态氮（NO_3-N），二者均能很好地被作物吸收利用。因此，硝酸铵是一种在土壤中不残留任何物质的良好氮肥，属生理中性肥料。硝酸铵宜作旱田作物的追肥，以分次少量施用较为经济。不宜施于水田，不宜作基肥及种肥施用。

（5）磷酸二铵：是一种高浓度的速效肥料，适用于各种作物和土壤，特别适用于喜铵需磷的作物，宜作基肥使用。如作追肥，应早施并深施10厘米后覆土，不能离作物太近，以免灼伤作物。作种肥时，不能与种子直接接触。磷酸二铵不要随水撒施，否则会使其中的氮素大多留在地表，也不要与草木灰、石灰等碱性肥料混施，以防氮挥发和降低磷的有效性。

（6）过磷酸钙：能溶于水，为酸性速溶性肥料，可以施在中性、石灰性土壤上，作基肥、追肥或根外追肥。注意不能与碱性肥料混施，以防酸碱性中和,降低肥效。主要用于缺磷土壤,施用要根据土壤缺磷程度而定,叶面喷施浓度为1% ~2%。适用于各种作物和土壤,宜采用条施、穴施、蘸秧根,集中施用或与有机肥料混用,可提高利用率。不能直接作种肥,因为其所含的游离酸会产生烧种、烧苗现象。

(7)钙镁磷肥:是一种以含磷为主,同时含有钙、镁、硅等成分的多元肥料,不溶于水的碱性肥料,适用于酸性土壤,肥效较慢,作基肥深施比较好。与过磷酸钙、氮肥不能混施,但可以配合施用,不能与酸性肥料混施,在缺硅、钙、镁的酸性土壤上效果好。不宜在中性和碱性土壤施用,也不宜作追肥。钙镁磷肥施用后当季作物吸收利用率很低,因此,在施用磷肥较多的田块不必连年施用,提倡隔年施用,以节本增效。

(8)氯化钾:是化学钾肥的主要品种,既能促进植物蛋白质和碳水化合物的形成,增强抗倒伏能力,改善和提高农产品品质,又具有平衡植物中氮、磷和其他营养元素的作用。该品可作底肥和追肥,但不宜在盐碱地上施用,以防增加盐害,也不能在马铃薯、甜菜、烟叶、茶树、柑橘、葡萄等忌氯作物上施用。在干旱地区干旱季节应尽量少用或不用。

(9)硫酸钾:为化学中性、生理酸性肥料。在酸性土壤中,多余的硫酸根会使土壤酸性加重,甚至加剧土壤中活性铝、铁对作物的毒害。在淹水条件下,过多的硫酸根会被还原生成硫化氢,使到根受害变黑。所以,长期食用硫酸钾要与农家肥、碱性磷肥和石灰配合,降低酸性。此外,稻田施用还应结合排水晒田措施,改善通气。在石灰性土壤中,硫酸根与土壤中钙离子生成不易溶解的硫酸钙(石膏)。硫酸钙过多会造成土壤板结,应增施农家肥。对忌氯作物(如烟草、茶树、葡萄、甘蔗、甜菜、西瓜、薯类等)增施硫酸钾,不但产量提高,还能改善品质。硫酸钾价格比氯化钾贵,货源少,应重点用在对氯敏感及喜硫喜钾的经济作物上,效益会更好。

四、常用化学肥料的识别与质量鉴别

目前,国内常用的化肥,除液体的氨水以外,固体的有碳酸氢铵、硫酸铵、氯化铵、硝酸铵、硝酸钙、尿素、过磷酸钙、重过磷酸钙、钙镁磷肥、钢渣磷肥、硫酸钾和氯化钾等。如果丢失标记、来源不明或不能判别真伪时,可按下列方法鉴定。

1. 初步判断

根据样品的颜色、结晶形状及其溶解度，可初步判断其所属肥料类别。

（1）颜色：氮肥除氰氨基化钙为灰黑色，硝硫酸铵、硝酸铵钙具有棕、黄、灰等杂色外，其他品种一般均为白色。磷肥大都颜色很深，普遍为灰色、深灰色或灰黑色。偏磷酸钙状似玻璃晶体，易识别。钾肥一般为白色。

（2）气味：可鉴定出碳酸氢铵和石灰氨。氮肥（氨水、液氨除外）中除碳酸氢铵具有氨的特殊臭味外，石灰氮有类似电石气的臭味，副产品硫酸铵可能有煤膏气味外，其他品种一般无特殊气味。磷肥和钾肥一般亦无特殊气味。

（3）溶解度：可鉴定出磷肥。取研磨成粉末状肥料样品 1 克，置于玻璃试管中，加入 10 ~ 15 毫升蒸馏水，充分摇动，观察其溶解情况。全部溶解的是钾肥、氮肥（石灰氮、硝酸铵钙除外），不溶解或部分溶解的是磷肥、石灰氮和硝酸铵钙。

（4）灼烧试验：通过灼烧试验，可将氮肥、磷肥和钾肥区分开来。取试样少许（约豆粒大小），置于折成凹形的小铁片上，用金属钳夹住，放在酒精灯上灼烧，观察其溶化等情况，并用手挥之闻味，可进一步判断所属肥料类别。

①在铁片上立即熔化或直接升华，并有氨味，可能是铵态氮肥或尿素，可按铵态氮肥品种鉴定进一步判断。

②在铁片上灼烧后立即起火燃烧，有爆裂声、冒浓烟、有硝烟味者为硝态氮肥。

③在铁片上灼烧无反应，或发生炭化，并有骨焦味者为磷肥。

④在铁片上仅爆裂，不分解，也不冒烟，为钾肥。

2. 化学定性鉴定

在简易鉴定的基础上，进一步对氮肥、磷肥和钾肥进行化学定性鉴定。

（1）氮肥鉴定（鉴定反应均在试管中进行）：

①铵态氮肥鉴定：第一，取待测样品 1～2 克，加 10 毫升水，滤取清液约 2 毫升，加纳氏试剂 1～2 滴，有红棕色沉淀产生。

第二，同上取滤液约 2 毫升，加 10% 氢氧化钠，略加热后有氨味，或能使置于管口处经湿润的红石蕊试纸变成蓝色。

②铵态氮肥品种鉴定：经化学定性鉴定已确证为铵态氮肥者，可通过下列方法作品种鉴定。

第一，取滤液约 2 毫升，加 10% 硝酸 3～5 滴酸化，加 5% 二氯化钡 3～4 滴，有大量白色硫酸钡（Ba_2SO_4）沉淀产生者，为硫酸铵。

第二，取滤液约 2 毫升，加 10% 硝酸 3～5 滴酸化，加 5% 硝酸银 3～4 滴，产生白絮状氯化银（AgCl）沉淀者为氯化铵。

第三，取滤液约 2 毫升，加 10% 硫酸镁 5～10 滴，不产生沉淀，证明无碳酸盐。经加热煮沸后有白色碳酸镁沉淀，或在清液中加入稀盐酸后有二氧化碳气体产生者，则是碳酸氢铵。

③硝态氮肥定性鉴定：第一，取待测样品 1～2 克，加 10 毫升水，取滤液约 2 毫升，加浓硫酸 5 滴、铜粉少许，加热，产生棕色气体，溶液变蓝。

第二，取滤液 5 毫升，加入 2% 硫酸亚铁 5 毫升，摇匀，将试管倾斜，沿管壁慢慢地注入 2～3 毫升浓硫酸，使之沉于液底，在酸和液面交界处出现褐色环。

④硝态氮肥品种鉴定：经化学定性已确证为硝态氮肥者，可通过下列方法作品种鉴定。

第一，取上述滤液约 2 毫升，加 10% 氢氧化钠 5～10 滴，稍加热，有氨味者为硝酸铵。

第二，取滤液约 2 毫升，加 10% 醋酸数滴酸化，加 10% 亚硝酸钴钠液 3～4 滴，静置。若有黄色沉淀产生者，为硝酸钾（因铵离子也有相同反应，故必须用别的方法已确证无铵离子情况下，才可鉴定为钾离子）。

⑤尿素的鉴定：第一，取滤液 2 毫升，加浓硝酸 1 毫升，混匀放置 5～10 分钟，待溶液冷却后有白色结晶产生。

第二，取样品 2 克，在试管中小心加热融化，此时有氨味逸出，继续加热至样品全部融化。稍冷却后，加 10 毫升蒸馏水，10% 氢氧化钠 4～5 滴，5% 硫酸铜 2～3 滴，即呈紫色。

（2）磷肥鉴定：

①磷酸根的定性鉴定：取样品1～2克，加10毫升水及10毫升、6摩尔/升硝酸，摇动，加热促使溶解，过滤。取部分滤液（约3毫升），加钼酸铵溶液5～6滴，有黄色沉淀生成时，说明有磷酸根离子存在，是磷肥。

②磷肥品种鉴定：第一，取少量样品置铁片上灼烧，如样本炭化且有骨焦味，并且用5毫升水、6摩尔/升硝酸10滴作浸提液，进行磷酸根鉴定时有黄色沉淀者为骨粉。

第二，取少量样品，水湿润后用石蕊试纸测其酸碱度，确定磷肥品种。

能使石蕊试纸变红者为酸性样品，即过磷酸钙或重过磷酸钙。用二氯化钡进行硫酸根的鉴定，如有大量白色沉淀产生，则为过磷酸钙；如只有少量或微量的白色沉淀产生，则为重过磷酸钙（因重过磷酸钙不含硫酸钙，但有可能有少量硫酸盐）。

能使石蕊试纸微变蓝色者为碱性样品。磷肥品种有钙镁磷肥、钢渣磷肥、脱氟磷肥和偏磷酸钙。如样品是黑绿色或灰棕色粉末，则为钙镁磷肥；如样品是褐灰色粉末，密度又较大，为3～3.3，则为钢渣磷肥；如样品是褐色或浅灰色粉末，在下列试验中又无氟反应时，则是脱氟磷肥。氟离子鉴定方法：取样本少许加入微量重铬酸钾粉末，混匀，慢慢注入5毫升浓硫酸。取清洁玻璃棒一根，插入试管内，在水浴或小火上搅拌片刻。取出玻璃棒仔细观察，如酸液顺棒面分布均匀地流下，则证明无氟化物存在；反之，顺棒面流下时，如像玻璃棒上污染了油脂的样子，这是由于产生了氟化硅，说明试样内有氟化物存在。如样品是黄色玻璃状晶体，磨细后受潮变成白色或浅灰色粉末，具弱吸湿性；其滤液（指2%柠檬酸浸提的滤液）能使蛋白质凝聚者，为磷酸钙。

不能使石蕊试纸变色者为中性样品，如用2%柠檬酸作浸提液，进行磷酸根鉴定时有黄色沉淀产生者为沉淀磷酸钙。无沉淀的样品，则用5毫升水、6摩尔/升硝酸10滴作浸提剂，作磷酸根鉴定时，有黄色沉淀析出者为磷矿粉。

（3）钾肥鉴定：

①钾肥定性鉴定：取样品少许加水溶之，若样品含有铵离子，需加

20%氢氧化钠1毫升，加热煮沸。然后加稀盐酸2毫升，加亚硝酸钴钠试剂3～5滴，有黄色沉淀产生；或加入2.5%四苯硼钠试剂少许，有白色沉淀产生者，即是钾肥。

②钾肥品种鉴定：第一，取其水溶液2～3毫升，加10%盐酸3～5滴酸化，5%氯化钡3～4滴，有大量白色沉淀产生者为硫酸钾。

第二，取其水溶液2～3毫升，用10%硝酸3～5滴酸化后，加5%硝酸银3～4滴，产生白色沉淀者为氯化钾。

(4)其他化学肥料的鉴别：复合肥料的鉴别，可参照上述氮肥、磷肥、钾肥的鉴定方法进行。

3. 真假、劣质化肥的鉴别

假化肥：指以非化肥物品冒充真化肥；以一种化肥，冒充另一种化肥；所含有有效成分含量、肥料规格、等级等与标明的不符；国家有关法律、法规明确规定禁止生产销售的。

劣质化肥：产品质量不符合化肥产品质量标准的化肥；超过质量保证期并失去使用效能的；限时使用而未标明失效时间的化肥；混有能够导致肥效损失的杂质的化肥；包装或者标签严重损害的化肥。

4. 农村中常用化肥的简易鉴别方法

(1)观察：看化肥的包装和颜色形状。在购买化肥的时候，首先要看化肥的包装。正规厂家生产的化肥袋，标志规范、完整，字迹清晰、整洁，注有商标、产品名称、养分含量、净重、厂名、厂址等；肥料的实际名称应该在包装袋最显著的位置。

此外，还可以通过检查包装袋的封口来区分化肥的真伪。正规厂家生产的化肥，由于要保证运输中不易泄漏和贮存中不易变质，所以内外包装都要经过专门的封口工序，且包装严紧细致和牢固。对于那些包装袋封口粗糙，容易破漏或有明显拆封痕迹的化肥要特别注意了，像这包化肥的封口很容易就被扯开了，对于这样的化肥要提高警惕。

每一种化肥都应该有它标准的形状。像氮肥和钾肥多为结晶体。如氮肥中的碳酸氢铵、氯化铵，都为不规则的结晶体，而尿素多为小丸粒状的结晶体。我们常用的钾肥有氯化钾和硫酸钾，也多为结晶体。我们常见的磷肥多为粉末状，像过磷酸钙就是一种灰白色的粉末。复合化肥，多为不透明的小颗粒。

另外,我们可以通过看颜色来鉴别化肥的真伪。这是保障我们少买假化肥的第一步,也是最简捷有效的方法。如氮肥,除了石灰氮之外,大多数是白色的。钾肥多为白色或略带红色,如硫酸钾是白色的,有些氯化钾为红色的结晶体。磷肥多为暗灰色,如过磷酸钙就是灰色的粉末。假化肥许多就是以假充真,所以,无论在形状还是颜色上,与真化肥都有很大的区别。

对于一些有明显的结块现象的化肥;常常是劣质过期的化肥。

(2)手摸:通过手感来鉴别化肥的真假。除了看之外,“摸”也是一种直观有效鉴别真假化肥的方法,可用来判断美国产的磷酸二铵。取少许美国二铵放在手心里,用力握住或按压转动,有“油湿”感的即为真品,而干燥如初的则很可能是冒充的。

(3)闻:通过嗅觉来鉴别化肥的真假。如果通过“看”和“摸”还不能鉴别出来的话,那农民朋友还可以结合化肥的特殊气味来增加判断的准确性。

①氨水有强烈的刺鼻氨味。

②碳酸氢铵有明显的刺鼻氨味。

③重过磷酸钙是有酸味的细粉。

④石灰氮有特殊的腥臭味,而假冒伪劣肥料则一般气味不明显。

⑤如果过磷酸钙有很刺鼻的怪酸味,则说明生产过程中很可能使用了废硫酸,这种劣质化肥有很大的毒性,极易损伤或烧死作物。

(4)烧:烧是一种有效的辨别方法,因为合格的化肥在燃烧之后会呈现不同的特点。首先来了解真氮肥在燃烧之后有什么变化。

①氮肥的燃烧鉴别:氮肥中的碳酸氢铵和氯化铵在燃烧后有着相似的特点。将少量的碳酸氢铵放入试管中用酒精灯加热,您会看到试管中的碳酸氢铵能够直接分解,而且是干干净净不留任何残留物,并有白烟冒出,还有强烈的氨味。

在进行上述试验后,氯化铵和碳酸氢铵的不同点是:分解后的氯化铵会有一小部分沉淀在容器壁上,而且有大量白烟冒出,散发出的是盐酸味。假的碳酸氢氨和氯化铵烧后很难分解。

尿素在燃烧后有什么变化:取少量尿素放入试管中用酒精灯加热,尿素能迅速熔化成为沸腾的水状物,就像水开了一样,这时您取一玻璃片接触试管冒出的白烟,停留一会儿就能看见玻璃片上附有一层白色结晶物;如果试管内的尿素是假的,玻璃片上是很难有结晶物的。

②钾肥的燃烧鉴别:现在我们来将钾肥中最常用的硫酸钾、氯化钾放在烧红的木炭上,用普通木条烧红就可以作为试验中的木炭了。这时的肥料无论是外形还是颜色都没有明显变化,但在烧的过程中伴有明显的"噼啪"声。

假化肥和劣质化肥因其制假的方法多种多样,所以,在烧的过程中会发生很多不同的变化,但可以肯定的是这些变化和刚才看到的试验中合格化肥的变化是不一样的。

③磷肥的烧法鉴别:磷肥在燃烧之后和燃烧之前没有明显的变化;如果购买的磷肥在燃烧后发生很大变化,说明这不是合格的磷肥。

(5)溶:化肥在水中溶解也会有一定的变化,所以,我们可以根据化肥在水中溶解的状况加以区别。

①先取尿素一小勺,放入杯中,加入干净的凉水充分摇匀,尿素很快就溶解在水中,而且液体十分透明。农民朋友常用试水温来鉴别尿素的真假,这两个杯子中所装水的水温是一样的,往其中的一杯水中放入合格的尿素,就看到杯中的水温很快在下降,说明所放尿素的质量是合格的。如果所放尿素是假的,水温是不会下降的,如果水温有细微下降,则说明所放尿素的质量不合格,含氮量低。

②将一小勺碳酸氢铵放入杯中,加入干净的凉开水充分摇匀,碳酸氢氨会溶在水中且伴有较大的氨味。

③再取硫酸钾一小勺,放入杯中,加入干净的凉开水充分摇动,在摇的过程中您可以稍微停顿,然后观察其溶解情况。经过几次摇动之后,我们会看到硫酸钾全部溶解在水中了。

④现在再来把磷肥中的过磷酸钙放进杯中,加入干净的凉水充分摇匀,您稍停顿就会观察到一部分过酸磷钙溶入水中,一部分沉淀。

⑤在目前情况下,除磷肥外,那些溶解性很差或根本不溶解的肥料,则大多为假劣肥料。

为了使您能够看清楚化肥在“烧”和“水溶”的试验中所发生的变化，我们使用了试管和烧杯，也可以用家中的干净的瓷碗和玻璃杯来替代。最好用透明的玻璃杯，容易观察到其中的变化。注意，所用的碗和杯中要干燥不要有水。采用烧的鉴别方法时，要注意所用器具的耐火性。

五、肥料的贮存

肥料品种众多、性质各异，必须采取相应的贮存措施，减少肥料损失。

1. 要注意防潮防水

化肥吸湿而引起的潮解、结块和养分损失，是肥料贮存的大忌。如过磷酸钙（又称普钙）受潮后，不仅易结块造成施用困难，而且还会发生有效磷退化问题；碳酸氢铵（简称碳铵）受潮后分解，氮易挥发；以硝酸铵、硝酸磷肥、硝酸钾、硝酸钙、尿素等为原料的混合肥料，都极易吸潮、结块，很难施用，并损失大量养分。

防止化肥吸潮，一是要保持肥料袋完好密封；二是要求装运化肥的车辆板面平整，无钉头、硬物等，还要备有防雨防晒遮盖物；三是要求贮存化肥的库房通风好，不漏水，地面干燥，最好铺上一层防潮的油毡和垫上木板条。

2. 要注意防腐防毒

化肥由各种酸、碱、盐组成，若贮存不当，易产生有毒有害物质。本身有毒，如石灰氮；在贮存中易挥发出游离酸，使库房空气呈酸性，如普钙；潮解后挥发出的氨气，在空间形成碱性物，如碳铵、氯化铵、硫酸铵以及含铵态氮的复混肥；有的局部受热常产生二氧化氮、一氧化二氮等有害气体，如硝酸铵、硝酸钙、硝酸磷肥等含有硝态氯的氮肥。如果库房里同时贮存有种子、粮食或农药，种子就会丧失发芽率，粮食变质，农药尤其是粉剂易失效。其他怕腐蚀的物品，也不要与化肥同放在库房。

农业肥料销售员进仓库应该戴好口罩和手套。库房要通风，以温度低于30℃、空气相对湿度低于70%为宜。当库房内温度和湿度都高于库外时，可以在晴天早、晚打开库房的门窗，进行自然通风调节；夏季可以在入夜以后气温较低时通风。

3. 要注意防火防爆

硝酸铵、硝酸钾(俗名火硝)等既是化肥,又是制造火药的原料,在日光下暴晒、撞击或在高温影响下会发热、自燃、爆炸。这类化肥贮存时不要与易燃物品接触。化肥堆放时不要堆得过高,以不超过 1.5 米为宜。库房要严禁烟火,并设置消防设备,以保安全。

第四节　农业机械营销

改革开放以来,我国农业机械由国家经营、集体经营转变为国家、集体、联户和独户等多种经营形式并存,而且自营和承包经营已逐渐发展成为主要形式。许多地区农民都拥有了农业机械。农业机械是农民除土地以外的重要生产资料,购买时一次性投入的资金比较多,一般可使用多年。购买的农业机械产品质量和使用性能,又和将来的工作性能、经济收益密切相关。因此,如何恰当地选购农业机械,正确地使用好保护好农业机械,是农民非常关心的一件大事,也是农资营销员十分关注的事情。为了搞好农业机械的经营,农资营销员不仅要掌握农业机械的有关知识,而且要教会农民购买、使用、保护农业机械的有关知识。

一、农业机械优劣识别、选购

1. 农业机械优劣识别

农资营销员只有掌握了识别优劣农业机械的知识,才能做好农业机械销售工作。这里介绍一些在购买农业机械时应该注意的事项和简单的识别方法。

(1)购买实行“三包”的农业机械。为了保护使用者的利益,农机行业管理部门一般对农业机械产品都要求实行“三包”(包修、包换、包退)制度。即购买的农业机械产品质量不合格时,可以更换或退货;购买后在包修期内损坏予以免费修理;属于使用者责任,应付更换零部件的费用。所以,购买或者采购农业机械要到正式的农业机械销售地方去买,不能图便宜买个人推销的产品,以免出现产品质量问题后无法处理。不能购买那些无生产厂家名称地址、无名牌标志、无合格证明的“三无”产品。

（2）购买有说明资料的农机产品。农业机械合格产品一般都附带有文字资料，包括产品的构造、工作原理、使用保养说明书，生产厂家产品检验鉴定资格证明，产品的三包承诺文字资料等。这些资料是将来使用操作农业机械和因产品质量产生损坏时处理的依据，必须具备。有些农业机械还应提供1~2年的易损件，以及在保养、安装、修理过程中的特殊专用工具。

（3）凭实际经验分辨。在衡量农业机械产品质量时，从外部观察也可以看出产品的质量好坏。

①整台农业机械没有变形，一般从垂直和水平两个角度用肉眼观察产品的各部分。

②各处零部件完整无缺。

③产品的涂漆部分不能有缺漆，铁质材料的底漆必须用防锈漆。

④埋头螺钉和沉头螺钉应与固定零件的平面齐平，如果不妨碍正常工作，允许有少量凸出。

⑤非调整性的螺钉或螺杆应用油浸后拧紧，螺杆有螺纹一端露出螺母平面的外边至少有两个螺扣，但不能超过10毫米。

⑥所有非调整螺钉、螺栓、螺母都应确定拧紧，并按规定的锁紧办法（锁定螺母、开口销、铁丝、垫圈等）锁紧。

⑦不能用铁丝或铁钉代替开口销使用。

⑧装有燃油、润滑油、药液、水等液体的容器、管道、接头等处严密，不能有渗透、泄漏的地方；气动装置的容器、管道、接头等处不能漏气。

⑨农业机械的所有调整、润滑部分确切可靠。

⑩农业机械的所有转动、传动和操纵装置运转灵活，无卡滞的地方。

（4）购买有安全防护装置的农业机械。一般在机械传动、转动的地方，如皮带、链条、齿轮、旋转轴、万向接头等地方，为了防止使用者的衣物被缠绞进去，都应安装防护罩。在切削、打击部位，如铡草机的切刀、粉碎机的锤片、物料喂入口，必须有能阻止使用者操作不慎，对手臂随物料喂入的安全挡板和快速停机装置。一些压力容器，为防止超过工作压力后发生爆炸，必须装有安全阀门，能在超过一定压力时自动卸压排放。

(5)重点检查主要零部件。不同类型的农业机械都有不同的主要关键零部件,其质量好坏对全机的工作性能起着决定性作用,在购买农业机械时要作重点检查。例如,对于耕地、整地、播种、收获等农业机械,犁铧、犁刀、耙片、开沟器、切割器等就是其关键零部件,一般都要求用规定的材质制造,而且需要经过热处理加工,有一定的硬度、韧性和耐磨性。经过热处理的零件不能有变形或裂纹,用金属物敲击时,没有闷哑、破裂的声音。切削刀具的刃口应锋利,厚度在规定的要求范围内。如犁铧刃的厚度不大于1毫米;圆犁刀的刃厚为0.3~1.0毫米;直径小于560毫米的圆盘耙片,刃厚应为0.3~0.8毫米;收割机的刀片,光刀刀片刃口厚度不大于0.1毫米,齿纹刀片刃口厚度不大于0.15毫米。

对于一般零件的检查,要注意木制零件和橡胶制品是否老化,老化的橡胶制品丧失应有的弹性并出现碎小的龟形裂纹;金属零件要注意它的加工质量、表面光洁度以及与其相关零件的配合等状况。

(6)购买时当场试验。直观检查只是看到农业机械的外表部分质量,许多零、部件的质量好坏只有通过试验、使用才能发现,因此,在选购农业机械时,有条件的要当场试验检查。其试验方法与检查部位因农业机械而不同。一般动力机械,应通过试验了解它的启动性能(是否容易、方便)、工作性能(可用声音和排气状态鉴别)等。机动喷雾机,应通过试验了解它的液泵(能否达到规定压力)、安全阀(超过工作压力时打开)、管道与接头(是否有泄漏)等工作状况。对于高速旋转的农业机械,要特别注意它的动平衡情况,机械正常运转时应平稳,无异常的摩擦、撞击声音,无周期性的振动。运转后的农业机械,应检查轴承等处有无过热的地方。

2. 农业机械的选购

农业机械的种类很多,有一般田间作业的耕地、整地、播种、收获、水利工程、植物保护、农副产品加工等机械,也有各种经济作物的特殊用途机械,每种机械又有不同的型号、规格、标准,共计上千个。购买农机时要注意以下事项。

(1)了解农机的性能。一般购买农业机械的农民都有使用过农业机械的经历,具有一定程度的机械常识,要买一种新的农业机械时,必须知道这种农业机械的构造、工作原理、使用操作特点和保养、保管方法，因此首先要教给农民看懂该机械的说明书，然后再对照实物观察检验。只有确实地熟悉掌握了该机械的情况，才能和同类型的农业机械比较、选择。

(2)正确选择农机型号。选择型号主要是使机械的性能满足生产中的需要。例如，购买抽水灌溉的水泵时，水泵必须满足工作中的扬程(米)和流量(吨/小时)的需求。扬程不够就抽不上水，水量不足达不到生产需要。再根据当地的水源情况、动力配套、经济效果等方面，确定用离心系还是轴流泵、混流泵、潜水电泵，或者是深井电泵。在购买耕地机械时，一般地区可以购买普通铧式犁；如果小块坡地作业，最好买可以两面翻土的双向铧式犁，它比普通一面翻土的铧式犁使用方便、作业质量好；如果是在菜园地使用，则买旋耕机更实用些。

(3)要与动力机配套。动力配套主要是指动力机的功率和转速要满足配套机械的需要。功率是做功的能力，常用千瓦(kW)表示；转速是动力机动轴的旋转速度，常用转/分(r/min)表示。一般小型动力机的功率，电动机应为配套农业机械所需功率的1.05~1.30倍，内燃机应为配套农业机械所需功率的1.3~1.5倍，过大则大马拉小车浪费能量，过小则带不动或超负荷损坏动力机。转速相同时，配套农业机械可以直接安装使用；转速不一致时，为满足使用要求，必须改装传动设备，这要增加许多费用。

如果事先已经买过一些动力设备，就应该充分发挥已有动力机的作用，在购买新的农业机械时，要尽量考虑能够与原有动力机配套。除特殊需要外，一般不要每种机械都单独配一种动力机，这样花费成本太多，管理也不方便。在固定机组中，电动机可以在发挥75%~100%额定功率的范围内通用；具备全制式调整器的柴油机，可以在它调整范围内降低转速和功率使用。对于拖拉机，如果已经有四轮拖拉机，就应该尽量购买悬挂农具配套，没有悬挂农具可以买牵引农具；如果是手扶拖拉机，则只能买与手扶拖拉机配套的农业机械。

(4)农机使用性能好。农业机械不仅在生产季节天天用、时刻不离手，而且还接连使用许多年，所以操作是否方便，安装、保养以及更换备件是否容易，都是要考虑的。否则，使用者容易劳累，影响工作效率，也容易产生事故。例如,使用有液压装置的悬挂犁和牵引式犁同样耕地作业时,前者较后者少用一个农具手,避免了地头起落犁的紧张配合作业,而且地头转弯和悬空行程也大大减少。

(5)产品质量合格。产品质量直接关系到农业机械的工作可靠程度和使用寿命。随着当前农业机械产品的大量出现,也有一些粗制滥造的产品给使用者带来不应有的损失,不仅损坏机械,而且会造成人身伤亡。所以在选购农业机械时,应购买已经鉴定定型(部或省、市级)的产品,特别是那些经过评选的获奖产品,不要购买未经任何部门鉴定定型的产品。

(6)零配件供应有保障。任何机械在使用过程中都会出现正常的磨损,也可能因为意外的事故而损坏,有些是需要经常修理更换的易损零件。因此,在购买农业机械时,要了解当地对该型农业机械的修理能力和零件、配件的供应情况,不要买那些没有零件、配件供应保障又无法修理的农业机械。一般应该优先购买本省、本地区生产的定型产品。

二、农业机械保管维护

1. 农业机械的保管

由于农业生产的季节性和农业机械工作的局限性,一种农业机械在一年中只能完成一种或几种作业项目,而且只工作很少一段时间,大部分时间是处于停放保管状态。例如,在一年一季作物的北方,犁一年只用60天左右,播种机、谷物联合收割机只用10～20天。一般农业机械又不像工业机械在库房内保管,而经常是放在露天场地,遭受风吹、日晒、雨淋等侵蚀。农业机械的金属制品在潮湿、酸或碱性气体的作用下,被氧化锈蚀;橡胶或塑料制品受空气中的氢和阳光紫外线作用后会老化;木制的零件会腐朽,或因日晒、雨淋、风干而变形。有许多零件表面看起来还很好,可是里面已经“烂”了(特别是一些铝制零件),使用起来很容易损坏。人们还常以为是使用坏了,实际上是没有保管好造成的。

经过科学的试验测定了解到,在不同的保管条件下,金属机械零件的损失程度是有很大差别的,一般露天保管比室内保管多损失1～1.5倍,而在泥地上又比木板上多损失1～1.5倍,因此,要十分重视农业机械的保管工作。

(1)保持农业机械的清洁。在田间作业完毕后,必须清除外部泥垢,清理工作机械内的种子、化肥、农药或作物残株,必须用水或油清洗后擦干。清洗各润滑部位,并重新进行润滑。对犁铧、犁壁、开沟器、锄铲等部件,必须拆擦净后涂机油贴纸,以减少与空气接触的机会。

(2)搞好农业机械保管。复杂、精密的农业机械,最好放在阴凉、干燥、通风的室内保管;对犁、耙、镇压器、中耕机等简单农业机械,可以在露天保管,但最好能搭棚遮盖;凡是与地面直接接触的零件,都应垫上木板;脱落的防护漆要重新涂好。

(3)搞好农业机械保护。农业机械上的弹簧必须放松,各零件不允许承受额外的压力。易腐蚀或易损坏的零部件,如输种管、链条、犁刀、锄铲、橡胶制品等,都应拆下来放在室内保管,保管时要防止变形和挤压。为防止腐蚀、变形、老化,木质零件应涂漆,橡胶制品可以涂石蜡。

2. 农业机械的维护保养

农业机械经过磨合试运转而进入正常作业,在长期的使用过程中,它的技术状态又逐渐发生变化,原来拧紧的配合件可能产生松动;相互运动的零件之间,由于正常磨损而间隙变大;润滑油变脏等。如果发展下去,机械将无法继续正常工作,甚至会产生重大损坏。维护保养就是在机械的正常技术状态还没有遭到破坏之前,进行坚固、调整;把脏油换成新油,保持正常的润滑条件,让机械总是在良好的技术状态下工作。只有这样,才能延长农业机械的使用寿命,保证农业机械高质量、高效率工作。根据农业机械的工作特点,维护保养工作应包括以下内容。

(1)补充清洁的润滑油,更换损坏的润滑装置。农业机械一般是在多尘土或泥水中作业,润滑点的轴承在结构上多半无密封装置,有些零部件还裸露在外面,所以必须经常清除灰尘、泥土,补充清洁的润滑油,更换损坏的润滑装置(黄油嘴等)。

(2)更换磨损了的零件。农业机械的工作部件是直接与土壤、籽粒、茎秆等接触的,因此磨损较快。如果不及时在保养中打磨刃口或更换磨损了的零件,会使工作阻力显著增加,而生产效率下降。例如,一般犁铧必须在工作1~2个班次后打磨刃口,爪式粉碎机的工作扁齿粉碎了150

吨物料后要更换新品。

(3)更换新品。农业机械的技术状态直接影响机械的作业质量,例如,使用犁梁弯曲、牵引线调整不当的犁工作时,沟底的不平度高低差可达6厘米之多。所以,维护时要检查调整各部位,发现不符合技术要求的零部件要拆下来矫正或更换新品。

农业机械的维护保养具体方法是根据各种不同机械的作业特点规定的,有些犁、耙的工作条件恶劣,泥土较多,在每班内间隔2~3小时或4~5小时就需保养一次,润滑一些轴承,检查和调整工作状态;一般农业机械都在每班作业前后进行一次保养工作,主要是清除泥土、污垢,检查工作部件状况,检查各坚固件的坚固状况,进行必要的调整和润滑。另外,还规定在完成一定工作量之后进行定期保养,除完成日常保养内容外,还要更全面检查机械的技术状态,彻底清洗润滑部件、排除故障和更换磨损零件等。

各种农业机械的技术保养内容,在产品使用说明书中都有详细的规定,使用者必须按要求去做。

三、农业机械试运转及操作

1. 农业机械试运转的必要性

购买新的农业机械以后,不能直接投入正常生产作业,而要先进行磨合试运转工作,不然机械会很快损坏。因为机械的各种配合零件的新加工表面,有许多高低不平的加工痕迹。如果这些零件是相互运动的,没有经过磨合就投入负荷作业,将使零件的凹凸不平的表面相互激烈摩擦,大块脱落,迅速增加零件的磨损,严重时零件卡死、损坏,机械就无法使用了。

2. 农业机械试运转的具体操作

磨合试运转就是把新出厂的农业机械在正式投入作业之前,先空负荷和轻负荷地运转一定时间,使机械的零件经过初步磨合,把凹凸不平的表面逐渐研磨,达到比较光滑而坚硬的程度,得到最适合零件工作的配合间隙。在试运转过程中还可以检查机械的各部状态,如零件的坚固情况、润滑情况、安装调整情况,及时排除发现的故障,避免机械损坏。经磨合试运转的机械再投入正式作业经得起负荷,并为以后的正常工作和延长零件使用寿命打下良好的基础。

3. 农业机械试运转的步骤

检查机械各部状态,进行润滑调整。空转试验,一般选用人力使机械空转,未发现异常现象再用动力机带动空转,在空转中检查机械的运转情况,发现与排除机械故障。用动力机带动进行负荷试运转,一般由小负荷(1/3、1/2、3/4)逐步增加到全负荷工作。试运转后再进行一次彻底检查保养,确认机械没有任何问题以后,才允许投入正常作业。每种农业机械都有自己的具体磨合试运转规定,如果找不到技术资料,可以参照上述原则进行。

4. 正确掌握农业机械操作技术

农业上使用机械不仅是为了抢时间、省劳力,而必须达到农业技术要求的质量。由于各地农业技术要求不同,在设计农业机械时都有一定的调节范围,以适应这种变化。例如,使用5T－70A 型脱粒机脱小麦时,滚筒与凹板的入口间隙为15～25 毫米,出口间隙为 3～5 毫米,滚筒转速为1 350 转/分钟;脱水稻时,滚筒与凹板的入口间隙为 22～29 毫米,出口间隙为 4～8 毫米,滚筒转速为 778 转/分钟。不同的作物脱粒时,滚筒的转速和滚筒与凹板的入口、出口间隙不一样。就是同类作物,也要根据当时作物的干湿、脱粒难易等情况,在上述规定范围内进行调整。如果调整不好,就会出现跑粮、脱不净、打碎粒等损失,严重的还会造成滚筒或凹板损坏。犁耕作业也是一样,如果没有把犁调整好就作业,很可能出现犁摇头摆尾,前后左右深浅不一致,耕后地表不平整,严重的还会造成零件断裂或变形。

因此,应教会农民正确掌握农业机械的操作技术和调整方法,否则不但影响作业质量、增加农户工作负担、增加成本,也影响农资营销员的声誉。

第五节　饲料营销

随着近年我国畜牧行业迅猛发展，对饲料的需求也越来越大，我国饲料年需求量达到1亿吨以上。饲料业已成为发展迅猛的产业，饲料的经营已成为限制这个行业甚至畜牧业快速发展的瓶颈。要加大农资营销员的培训力度，尤其是饲料营销员的培训，促进我国畜牧快速健康可持续发展。

一、我国饲料标准

我国饲料工业标准分为四级：国家标准、行业标准、地方标准和企业标准。国家标准是要在全国范围内统一的技术要求，由国务院标准化行政主管部门制定，如GB10648－2000《饲料标签》标准和GB13078－2001《饲料卫生标准》等。行业标准是在没有国家标准的情况下，需要在某个行业范围内统一的技术要求，由国务院有关行政主管部门制定，并报国务院标准化行政主管部门备案，如国家医药管理局颁发的YY0037－91《饲料添加剂维生素预混料通则》等。当公布了国家标准时，相应的行业标准即行废止。地方标准是在没有国家标准和行业标准的情况下，需要在省、自治区和直辖市范围内统一的工业产品安全、卫生要求，并报国务院标准化行政主管部门和国务院有关行政主管部门备案。

二、配合饲料的分类

配合饲料可按营养成分、饲养对象、形状分类。

1．按营养成分和生产层次分类

（1）全价配合饲料：饲料中的能量和各种营养成分能够满足禽畜生长、繁殖和生产需要，除水以外无需添加任何物质便可直接饲喂的饲料，叫做全价配合饲料。全价配合饲料有许多优点，如营养全面，可以促进畜禽生长发育和预防疾病，饲料周期缩短，生产成本降低，效益高等。

（2）浓缩饲料：浓缩饲料又称蛋白质平衡饲料，主要由蛋白质、常量矿物质、维生素和微量元素等组成，用来补充或平衡饲料中蛋白质，矿物质和其他微量成分的不足。它是浓缩饲料加工厂的产品，是配合饲料工业中的中间产品，与一定比例的能量饲料混合即可制成全价配合饲料。

(3)基础混合饲料：由能量饲料和蛋白质饲料，部分矿物质和维生素等组成，用这种饲料来补充反刍家畜青粗饲料中的能量、蛋白质等的不足，所以，也叫精料混合料。

(4)添加剂预混料：这种饲料在配合饲料中占的比例很小，作用却很大。它是以营养添加剂(氨基酸、微量矿物质元素和维生素等)和非营养添加剂(如抗生素、促生长素、驱虫保健剂和抗氧化剂等)为基础，并按一定比例加入适量载体(如石粉、玉米粉、小麦粉等)混合而成。添加剂预混料不能直接用来喂饲畜禽，必须与其他饲料按规定比例均匀混合后才可使用。

2. 按饲养对象分类

(1)猪用配合饲料：包括仔猪、肥育猪的初期、中期、后期，以及怀孕母猪、种公猪、后备母猪等专使用的饲料。

(2)鸡用配合饲料：包括雏鸡、后备鸡、蛋鸡、种鸡、肉用仔鸡等使用的配合饲料。

(3)马、牛、羊用配合饲料：包括犊牛、产奶牛、肉牛、役用牛、种公牛、羔羊、基础母羊、种公羊、基础母马、种公马和幼驹等的饲料。

(4)其他畜禽及鱼类饲料：包括兔、鱼、鸭、鹅、鹿、貂、鹌鹑等使用的配合饲料。

3. 按配合饲料的形状分类

(1)粉料：粉状配合饲料是目前较多见的配合饲料料型，生产工艺简单，耗电少，加工成本低，但生产粉尘大，损耗大，容易分级。这种饲料适合各种畜禽以及农村搭配青粗饲料时使用。

(2)颗粒饲料：是粉状饲料用颗粒机压制而成的。其优点是养分均匀，避免动物择食，在储运过程中不会分级，同时增加了密度和通透性，在制粒过程中有一定杀菌作用，有利于贮藏，减少霉变发生。但加工复杂，耗电多，成本较高。

(3)破碎粒料：这种饲料是把颗粒饲料破碎成 2 ~ 4 毫米的碎粒，具有颗粒料的优点，适于喂肉鸡、小鸡等，但加工成本高。

（4）压扁料：这种饲料是在120℃蒸气下将谷类压扁干燥后形成，多用于饲喂牛，可提高适口性和消化率。

（5）膨化饲料：膨化饲料也叫漂浮饲料。它是粉状配合饲料加水蒸煮后通过高压喷嘴压制干燥而成的，因含有较多空气，可以漂浮在水面上，待吸水后慢慢下沉，便于鱼类采食，减少浪费，但成本高。

此外，还有块状饲料（适用于反刍类动物）和液体饲料（一种糖蜜和添加剂的补充饲料）。

三、饲料质量检测

1. 饲料质量检测方法

优质饲料原料是指化学成分和营养利用两方面都具有良好营养价值的原料。掺假或者说往优质饲料原料里掺和营养价值低的其他物料，就会生产出劣质原料。劣质原料是指含有较丰富的营养成分，但含有限制养分利用的天然毒素（如棉籽粕中棉酚和菜籽粕中的异硫氰酸酯和噁唑烷硫酮）和抗营养因子（如大豆制品中抗胰蛋白酶因子等）的原料。在实际生产中，在对这些原料养分、毒素含量及抗营养因子的分析，依据毒素和抗营养因子的有关限量标准，确定其在配合饲料中的最适使用比例。饲料质量通常可采用以下方法进行检测。

（1）饲料显微镜检测：饲料显微镜检测的主要目的是借外表特征（体视显微镜检测）或细胞特点（生物显微镜检测），对单独的或者混合的饲料原料进行鉴别和评价。如果将饲料原料和掺杂物或污染物分离开来以后再做比例测量，则可借显微镜检测方法对饲料原料做定量鉴定。总之，无掺假或污染的饲料原料，其化学成分与本地区推荐或报告的标准或者平均值将非常接近。借助饲料显微镜检测能告诉饲料原料的纯度，一些经验者还能对质量作出令人满意的鉴定。用显微镜检查饲料质量，在美国已有50年历史，目前已经普及。这种方法具有快速准确、分辨率高等优点。此外，还可以检查用化学方法不易检出的项目，如某些掺假物等。与化学分析相比，这种方法不仅设备简单（用50～100倍放大镜和100～400倍立体显微镜）、耐用、容易购得，而且在每个样品的分析费用方面要求都少得多。商品化饲料加工企业和自己生产饲料的大型饲养场都可以采用这种方法,对饲料原料的质量进行初步的评估。

(2)点滴试验和快速试验:为了检测某种影响饲料质量的物质是否存在,许多快速化学试验法和点滴试验法已研究出来。在鉴定饲料原料和全价饲料的真实质量上,对化学分析和饲料显微镜检测都有帮助。大豆制品的脲酶活性分析可以反映出大豆制油加工过程中蒸炒的是否充分以及养分的利用情况。加上几滴50%的盐酸溶液,并注意二氧化碳气泡的形成,或者分离出四氯化碳中的掺杂物,即可鉴别出米糠中掺和的石灰石粉末。为了检查预混料和全价饲料中是否有某些药物、其他饲料添加剂以及矿物质和维生素,许多点滴试验方法已经研究出来。这些方法中有许多非常简便,一般养殖场也可以做。有些技术则需要复杂的、相当贵的化学试剂,所以该试验仅限于商品化饲料生产。

饲料显微镜检测和点滴试验可在不同规模饲料生产企业中予以应用。在饲料加工生产过程中采用各种方法进行饲料质量检测是最理想的。然而,实际上饲料生产的规模影响检测方法的应用。对日产量大、价格和质量具有竞争性的商品化饲料生产者来说,保证进厂饲料原料和出厂饲料产品的质量都非常重要。有必要将饲料显微镜检测与点滴试验、快速试验以及化学分析相结合,从而把所有的饲料质量检测方法全部都利用起来,进行综合评定。对于小规模的饲料产地加工业和饲养场,一般无力提供装备精良的实验室进行化学分析,建议将开展定性、定量的全面饲料显微镜检测与某些快速试验和点滴试验相结合。总之,这些小厂和养殖场一般能够有效地采用饲料显微镜检测以及某些点滴、快速试验方法,如脲酶活性检验、尿素检验、石灰石掺假检验以及简单的浮选法检验,所有这些技术全都非常简单而实用。只要稍加培训推广,一些小型饲料加工厂和饲养场就能以较低的成本生产出优质的饲料来。

(3)化学分析:化学分析是饲料分析测定中最为普遍采用的方法。饲料原料的化学成分,通常包括常规营养成分,如水分、蛋白质、乙醚浸出物(油脂)、粗纤维、中性洗涤纤维、酸性洗涤纤维、粗灰分;能量;18种氨基酸;矿物元素,包括常量元素钙、磷、钠、氯、镁等和微量元素铁、铜、锰、锌、碘、硒等;各种维生素;有毒有害物质,包括无机有毒有害物质如砷、铅、镉、汞、铬、氟等，天然有毒有害物质如棉籽粕中的游离棉酚、菜籽粕中的异硫氰酸酯和噁唑烷硫酮，次生有毒有害物质如霉菌毒素等，都可通过化学分析获得实际的含量，并通过与标准做比较来评价其质量。

通过化学分析获得的被检分析原料的真实养分含量数据，可直接用于饲料配合。含量比较高的常规营养成分和常量矿物元素等成分的分析，不需要昂贵的设备，仅借助简单和普通的设备和设施就可开展工作，但需要训练有素的化学分析人员或者技术员。饲料企业和养殖企业都应该装备开展这些项目的实验室，以满足饲料质量控制的需要。

由于饲料中维生素、微量元素、氨基酸、有毒有害物质、药物成分等含量较低，它们的测定都需要借助先进的大型仪器设备如高效液相色谱、原子吸收分光光度计、离子交换色谱氨基酸分析仪、薄层色谱、层析、液相色谱质谱仪和气相色谱质谱仪等进行，仪器分析的准确度、精确度和灵敏度都非常高，检测限可达毫克/千克、微克/千克、纳克/千克水平。但设备昂贵，实验室的设施条件要求也较高。所以，只有大型的商业性饲料企业、科研院所和专门从事饲料质量检验机构才有能力和有必要装备大型先进设备。

化学分析方法仅能提供某成分的含量情况，如饲料中最为重要的养分——蛋白质，用凯氏定氮法测定，以粗蛋白质表示（$N\times6.25$）。所得结果不能揭示氮到底来自原料中的蛋白质，还是掺杂物中的蛋白质或者样品中掺和的非蛋白氮。此外，对原料所含养分的利用情况难以明示。为了使这种方法得到最佳应用，可利用其他饲料质量检测方法对化学分析数据做相应的分析整理，并可通过几个指标作出综合性准确判断。

（4）近红外光谱分析：近红外光谱技术（简称 NIRS）是 20 世纪 70 年代兴起的有机物质快速分析技术。该技术首先由美国农业部 Norris 开发。近 20 年来，随着光学、电子计算机学科的不断发展，加上硬件的不断改进，软件版本不断翻新，使得该技术的稳定性、实用性不断提高，应用领域也日渐拓宽。近红外光谱分析技术在测试饲料成分前只需对样品进行粉碎处理，应用相应的定标软件，在 1 分钟内就可测出样品的多种成分含量，由于其具有简便、快速、相对准确等特点，许多国家已将该技术成功地应用于食品、石油、药物等方面的质量检验。在饲料质量检验方面，不仅用于常量成分分析，而且在微量成分氨基酸、有毒有害成分的测定，以及饲料营养价值评定，如单胃动物有效能值、氨基酸利用率、反刍动物饲料营养价值评定方面也获得了许多可喜的成果。该技术还应用于许多先进的饲料厂的原料质量控制，产品质量监测等现场在线分析。

近红外光谱技术虽然具有快速、简便、相对准确等优点，但该法估测准确性受许多因素的影响。其中，以样品的粒度及均匀度影响最大，粒度变异直接影响近红外光谱的变异。虽然在样品光谱处理时采用了二阶导数，减少了粒度差异引起的误差，但在实际工作中更重要的是使定标及被测样品制样条件一致，保证样品具有粒度分布均匀，减少由于粒度变异引起的误差。但在实际工作中更重要的是使定标及被测样品制样条件一致，保证样品的粒度分布均匀，减少由于粒度变异引起的误差。

(5)生物学分析检测：随着生物学技术的不断发展和饲料质量安全快速分析需求的增加，基于免疫化学的酶联免疫吸附测定法(ELISA)和基于分子生物学的聚合酶链式反应(PCR)等快速检测方法越来越广泛应用于饲料安全检测。ELISA 主要应用于饲料中的霉菌毒素如黄曲霉毒素 B_1、农药残留、兽药等测定。目前，已经开发出很多商业性的试剂盒。该类方法具有最低检出浓度低、专一性强、成本低、分析速度快等特点，可用于定性和半定量测定，尤其适合于现场大批样品的筛选分析。该方法的缺点是，容易受基质干扰，产生交叉反应。PCR 方法目前主要用于为了防止疾病(如疯牛病)的传播，饲料中不同动物源性(如牛、羊源成分的检测和转基因饲料)的检测，通常要求最低检出限为 0.1%。此外，基于免疫化学和分子生物学的各种芯片和传感器也越来越多用于饲料安全检测和评价。

2. 饲料质量感官检测

感官检验法是利用人的感觉器官来判断饲料原料及成品品质好坏的一种方法。对色泽、气味、水分、杂质、纯质、生熟度等项目都能进行快速的鉴定。此方法如果应用得当，是相当简便和实用的。

(1)视觉检验：视觉检验法是用眼睛观察并判断品种、形态、色泽、杂质等。

检验时，可抓一把样品放在手掌上或置于分析盘中，用手或刮板轻轻摊平，仔细鉴别，查看颗粒的整齐度、形态、色泽、光泽。对于带皮的谷物原料，还可观察其皮的厚薄、虫蛀情况、饱满程度等。对于玉米，观察其色泽和胚部的形态，判断含水率。如玉米色泽光亮，胚部瘪缩不起毛，籽粒整齐破粒少，水分一般在15%以下；如色泽发暗无光，胚部不瘪缩且起毛，则水分可能在16%以上。

从色泽上判断饲料的新陈及是否受霉菌侵袭，也是可行的。如品质好的饲料色泽新鲜，光泽好；经过高温的或存储日久的饲料色泽发暗，失去光泽，有的伴随有结块现象。患有赤霉病的麦粒、玉米呈现粉红色；曲霉能使大米变黄色；交链孢霉可以使籽粒变茶色；芽枝霉等可使籽粒变成黑褐色；根属、毛霉相酵母等大量繁育时，能使饲料如麸皮、豆饼等变成褐色，贮藏期长久、水分高、条件不当时，常有这种现象发生。

运用一定的方法与视觉结合，还可检验饲料中的杂质含量。手抓一把样品，并拢四指，然后向下面斜，轻轻抖动，使样品从指尖流出，而杂质积聚于掌心手指中，观察杂质含量。

视觉校验时应注意的问题是，由于饲料品种繁多、形态各异，因而要根据不同品种饲料的特点，采取不同的方法进行检验。

（2）触觉检验：这种方法是借助用手接触饲料时的感觉来判断质量。取试样放入手掌中，用手指触摸，鉴别籽粒的光滑与粗糙；用手指捻压，鉴别其软、硬、饱、瘪；或根据手掌中籽粒的温度、轻重来鉴定水分。有的胚大品种（如玉米），还可用指甲掐入胚部，如感觉轻松、松软，则水分较大；如感觉掐入不易，阻力大，则水分在14%以下。

在鉴定时，还可将手插入饲料，如能轻易插入、声响滑亮，则含水量低；如不易插入，则含水量高。或用手握籽粒，感觉滑润干爽、格格有声，则水分低；声响嘎弱，则含水量高。对于粉状饲料，也可用于紧握样品，如感膨松，粗粮放开时散落得开，则水分较低。

一般的谷物原料水分小时，籽粒瘪缩，硬度加大，有些粗粮有扎手的感觉；水分大时，组织膨胀，有松软的感觉。粒形小的籽粒（如谷子等），用手抓一把，加力一握，干燥的能从指缝中漏出；如果伸开手指仍呈一团者，水分在18%以上。

触觉校验也应注意，手掌应洁净，不能有汗。

(3)嗅觉检验法:各种饲料原料及成品部具有一定的气味,当饮料失去正常品质时,就会发出各种异味,因此,可通过嗅觉辨别其气味的淡浓和种类,鉴定饲料的品质。饲料储藏时间长时,可能会有下列气味。

①霉腐气味:这种气味是由于饲料(谷物籽粒)水分大呼吸作用旺盛,引起温度上升,粮塔发热并开始霉变时发出的。凡有这种气味的谷物种子,多半已失去发芽能力。粮油副产品及饲料成品,有的虽无呼吸作用,但由于霉菌作用也会有此霉腐气味。

②霉菌气味:饲料发霉后,在表面寄生着各种霉菌,而发生特殊的臭味,与霉腐味相似,但更为浓烈。

③发酵气味:饲料发热时,由于一部分淀粉变为酒精,会产生类似面粉发酵时的气味。

④虫臭气味:饲料受某些仓虫危害所引起虫臭味,如经拟谷盗危害的饲料臭味强烈。

⑤其他异味:如在运输或储藏中的疏忽,饲料吸附了其他气味,如煤油、汽油等气味。

利用嗅觉鉴定饲料,应注意温度与气味的关系。在低温下,饲料气味较淡,不易鉴别,故应先用手将饲料握暖,然后张开手掌,挨近鼻尖来嗅。或取少量样品置于杯中,用温水浸泡,用盖子盖上,开盖后嗅其气味。为了达到鉴定准确性,要视觉和嗅觉并用。

(4)齿觉检验:这种方法主要适用于呈粒状的粮食(如油料)的检验。取样品一粒放入口中,用门牙将籽粒咬碎,根据籽粒破碎时发出的响声和破碎瓣的情况,来鉴别籽粒水分、软硬程度和品质的优劣。牙咬籽粒时费力、响声大、破碎程度大、碎声清晰,则水分小;反之,则水分大。如稻谷米断而壳末断,咬时松软、声响不大的,水分就大;牙咬发硬,壳、米均断,则水分就小。玉米咬时牙感坚硬,断裂时响声大,籽粒裂成数瓣,则水分低。再如大豆,用牙咬阻力大,籽粒裂成两瓣以上,则水分在安全水分以下;如牙咬不破碎,则水分在安全水分以上。

①用齿破碎籽粒时,应慢慢加力,快了就检验不准。

②试验应重复多次,还要注意籽粒的成熟程度,是否有硬实粒(尤其是豆类)。如未熟的颗粒其硬度本来低,而硬实粒由于含有少量的硅化

合物及结构紧密，硬度较大。

③为提高齿觉的鉴别能力，应经常与仪器检验结果进行对照。

④不同的粮种齿碎的方法也有所不同，如稻谷、麦类以横断为好，豆类以直裂为妥。

⑤如发现试样有显著异味、发霉、污染等情况时，不宜送入口中齿碎或味觉鉴定。

（5）听觉检验法：就是通过听觉，辨别饲料颗粒摩擦和断裂时发出的声音，来鉴别饲料水分。一般水分小的籽粒声音响亮；反之，水分大的粹粒声音发闷、滞钝。

（6）味觉检验法：取少量样品放入口中，尝其滋味是否正常，有无苦味、哈喇味等。同时用齿嚼，辨别有无沙土杂质，评定其品质好坏。

一般品质正常的饲料原料和成品都有一定的新鲜香味。劣质的则可能具有异味，如轻度发热霉变的带有甜味，稍重的有酒味；再重的有酸味；具有苦味的时候就完全变质了。玉米水分大，也带有一点甜味，有的贮藏时间长也能出现甜味（如薯类）。

小麦的制成品及副产品，如有少量的泥沙混入，通过口尝细嚼就会发生牙碜；豆饼（粕）的生熟度也可通过口尝细嚼辨别有无苦涩感，有则是生饼。

饲料品质的优劣，单凭感官是无法准确鉴定的，即便是有些通过感官可大致鉴定的项目，也应该从检查的结果综合分析鉴定，不能只依据感官来决定其品质如何。所以，在应用感官检验法时，应多种感官、多种方法结合起来运用。

四、影响饲料质量的因素

1. 自然变异

饲料原料的质量，因产地、年份、采样、品种、土壤肥力、气候、收割时成熟程度而变异。饲料原料养分含量的自然变异系数平均为 ±10%，变异在 10% ~15% 是正常的。例如，普通玉米的粗蛋白含量一般在 8% 左右，而有些新品种玉米的粗蛋白含量超过了 10%。与鱼粉等蛋白质饲料原料相比，谷类及其副产品的养分含量比较稳定，变异范围较小，大豆粕也是一种养分含量变异小的蛋白质补充饲料。

2. 加工

农产品加工技术不同，生产出的产品或副产品质量就会有差异。高标准成套碾米机所生产的米糠主要含的是胚芽和米粒种皮外层，而低标准碾米机则生产出混杂有相当一部分稻壳的低质量米糠。在溶剂浸出过程中，热处理温度过低或过高所生产的大豆粕质量都会比热处理工艺温度适当所产的大豆粕质量差。

3. 掺假

颗粒细小的饲料原料易于掺假，即以没有营养价值的廉价细粒物料故意掺杂。一般掺假不仅改变被掺假饲料原料的化学成分，而且会降低其营养价值。目前鱼粉、氨基酸添加剂原料和维生素原料等的掺假现象严重。常见于鱼粉中的掺假物，主要有经过细粉碎的贝壳、膨化水解羽毛粉、血粉、皮革粉以及非蛋白氮物质（如尿素、缩醛脲）等。赖氨酸和蛋氨酸是饲料生产中普遍采用的氨基酸饲料添加剂，掺假现象时有发生，主要掺假物有淀粉、石粉、滑石粉等廉价易得原料。其他饲料原料也可能出现掺假现象，如米糠可能会用稻壳掺假。经过细粉碎的石灰石有用做磷酸氢钙的掺杂物。由此可见，饲料掺假可以归纳为“以次充好”、“以假乱真”、“过失性混进杂质”、“漏加贵重成分”以及“故意增减某些成分”等。因此，在采购饲料原料时必须对其质量加以识别，进行必要的质量检查。

4. 损坏和变质

在不适当的运输装卸、贮藏和加工过程中，饲料原料会因损坏和变质而失重，高水分玉米在不适当的运输装卸情况下非常容易被真菌污染。高水分米糠和鱼粉在袋装贮藏条件下会发热、自燃或者发生酸败，造成脂溶性维生素尤其是维生素 A 的损失。饲料谷物在不适当的贮藏条件下通常会被虫蚀损坏。劣质饲料原料不可能生产出优质的配合饲料。所以，选择优质饲料原料并保持其质量是制作优质动物饲料至关重要的环节。

五、饲料经营的主要任务

饲料经营活动既要为生产服务，又要为消费服务。

1. 积极做好饲料原料的采购，广泛开辟、合理利用饲料资源拖着

饲料工业和畜牧养殖业的发展，对饲料产品质量和数量的要求越来越高。为了满足这种需求，饲料企业必须根据饲料的生产供应计划，认真做好原料采购工作。不仅要在品种和数量上满足需要，而且要在质量上严格把关，同时要积极开发和利用新的饲料资源。

2. 认真做好饲料产品的销售工作，并积极推广宣传饲料新产品

饲料工业在我国是一门新兴工业，配合饲料产品还没有被广大用户所全部接受，在我国农村用粮食直接饲养畜禽的传统饲养方法仍较普遍存在。随着饲料科学技术的发展，饲料产品不断向高层次发展，新产品层出不穷。因此，要认真做好饲料产品的销售、宣传、服务工作，积极开拓销售市场，扩大销量，推广新产品，开展技术咨询，实现优质服务。同时要因地制宜，根据用户需求，积极组织供应一些饲料添加剂、浓缩饲料、预混合饲料等，以增加自配配合饲料量。

3. 坚持一业为主，发展多种经营

饲料企业经营业务要围绕增加生产，提高质量，扩大销量，搞好服务，满足养殖业生产发展需要这一“主业”。根据企业的实际，从有利于促进“主业”发展出发，积极开展多种经营（如从事资源开发生产、畜禽水产的养殖、加工和经营等），以增强企业的经营活力和经济实力。

4. 提高经济效益

在开展各项经营活动中，要加强经营核算，改善经营管理，降低费用支出，加速资金周转，提高经济效益。

第六节　农用塑料薄膜

农用塑料薄膜（简称农膜）主要用做地面、近地面、棚室、温室等的覆盖材料，对农作物进行保护栽培，从而改变植株周围的小气候，在不良气候条件下比较正常地生长发育，达到提早收获，增加产量，提高品质，扩大繁殖系数，获得较高经济效益的目的。此外，农膜还被广泛用做棚圈养殖、青储饲草等。

一、常用农膜的种类

1. 棚膜

(1)棚膜从树脂原料上分,有聚乙烯(PE)膜、聚氯乙烯(PVC)膜和乙烯—醋酸乙烯(EVA)膜等。

用这3种基础树脂制成的普通膜,以PVC膜的保温性最好,其次是EVA膜,PE膜的保温性最差。添加增温剂后,可使PE和EVA膜的保温性得到显著提高。在添加防雾剂的情况下,PVC和EVA为极性分子,与防雾剂的相溶性好,防雾剂向表面迁移的速度较慢,防雾滴持效期较长;PE为非极性分子,结晶度高,排异性强,与防雾剂的相容性差,防雾剂向表面迁移速度快,防雾滴持效期短(表1)。

表1　不同树脂原料的棚膜特性比较

主要特性	棚膜原料			
	PE	PVC	EVA	
密度	0.923	0.923	1.275	0.940
拉伸强度	良	优	优	良
断裂伸长率	良	优	差	优
透明性	良	中	良	优
应用早期透光率	良	良	优	优
应用后期透光率	中	中	差	良
保温性	中	中	优	良
未添加稳定剂的耐候性	良	中上	极差	良
添加稳定剂的耐候性	优	优	优	优
耐低温性	良	优	差	优
耐穿刺性	良	优	优	优
低温抗冲击性	良	优	差	优
防尘性	良	良	差	良

(2)根据棚膜的结构性能,分为普通膜、防老化膜、长寿膜、双防膜、多功能膜、多功能复合膜等。

①普通膜连续覆盖使用期在4~6个月,膜面易结露滴,影响透光;主要用于中小棚覆盖栽培和塑料大棚的保温覆盖,厚度为0.03~0.05毫米。

②防老化膜连续覆盖使用期在10~18个月;主要用于塑料大棚覆

盖，江南及江淮地区厚度为0.05～0.08毫米，华北、东北和西北地区厚度为0.10～0.12毫米。

③长寿膜连续覆盖使用期比防老化膜长，在24个月以上，主要用于塑料大棚覆盖。江南及江淮地区厚度为0.05～0.08毫米，华北、东北和西北地区厚度为0.10～0.12毫米。

④双防膜不仅具有防老化膜的特性，还具有防雾滴性。聚乙烯双膜的防雾滴持效期一般为3～4个月，聚氯乙烯双防膜的防雾滴持效期可达4～6个月，主要用于塑料大棚和普通温室覆盖。江南及江淮地区厚度为0.05～0.08毫米，华北、东北和西北地区厚度为0.10～0.12毫米。

⑤多功能膜除具有防雾滴和老化性能外，还具有保温、散射光透过率高等特点，有的还有一定的防病功能。

⑥多功能复合膜是主要用于塑料大棚和日光温室覆盖上，华北、东北、西北和江淮地区使用较多，厚度为0.08～0.12毫米（表2）。

此外，还有转光膜、漫散射膜和韭菜膜等特殊功能膜。多功能、高效能、复合型将是我国今后棚膜发展的主要方向。

生产上应根据设施及使用季节和地区的不同，选用不同种类和不同厚度的棚膜。

表2　　不同薄膜的主要性能比较

棚膜类别	防老化性（个月）	流滴持效期	保温性	透光性	漫反射性	防尘性	转光性
PVC普通膜	4～6	无	优	前优后差	无	差	无
PE普通膜	4～6	无	差	前良后中	无	良	无
PVC防老化膜	10～18	无	优	前优后差	无	差	无
PE防老化膜	12～18	无	差	前良后中	无	良	无
PE长寿膜	24以上	无	差	前良后中	无	良	无
PVC双防膜	10～12	4～6	优	前优后差	无	差	无
PE双防膜	12～18	2～4	中	前良后中	弱	良	无
PE多功能膜	12～18	无	优良	前良后中	中	良	无
PE多功能复合膜	12～18	3～4	优良	前良后中	中	良	无
EVA多功能复合膜	15～20	6～8	优	前优后中	弱	良	无
PE漫反射膜	12～18	无	中	中	强	良	无
PE防雾转光膜	12～18	2～4	中	前良后中	弱	良	有

2. 地膜

(1)地膜的分类：地膜按基础树脂可分为高压聚乙烯(LDPE)地膜，高密度聚乙烯(HDPE)地膜，线性聚乙烯(LLDPE)地膜，高压聚乙烯与线性聚乙烯共混地膜，高压聚乙烯与高密度聚乙烯共混地膜，线性聚乙烯与高密度聚乙烯共混地膜。

按功能与用途可分为普通地膜和特殊地膜。普通地膜包括广谱地膜和微薄地膜；特殊地膜包括黑色地膜、黑白两面地膜、银黑两面地膜、绿色地膜、微孔地膜、切口地膜、银灰(避蚜)地膜、(化学)除草地膜、预置种孔地膜、配色地膜、可控降解地膜、浮膜等。

目前我国地膜产品95%以上是普通透明地膜，存在的主要问题是不能防灭杂草。尤其在早春覆盖时，透明地膜的增温、保温作用使膜下的杂草萌发早，生长格外旺盛，大大削弱了地膜保温保墒的作用。杂草与作物争水争肥，严重影响作物生长，造成减产。采用覆膜前喷洒除草剂防治杂草，存在着污染环境和产品的问题，而且使用技术要求较高，对喷施的除草剂种类、浓度不易掌握，实际应用较难。在蔬菜冬季保护地生产中广泛使用地膜覆盖，喷除草剂或使用化学除草膜在高温密闭环境中，极易对作物产生药害，造成重大损失。研制推广新型地膜产品，使用可靠有效的地膜产品，解决透明地膜的缺点是一项迫切的任务。

(2)几种新型地膜及其特点：当前生产上推广应用、前景广阔的新型地膜主要有黑色地膜、配色地膜、除草地膜、增温地膜及降解地膜等五大类。

①黑色地膜：黑色地膜能持续稳定地消除杂草，调节地温、稳定地温的作用明显强于透明地膜，增产明显，主要用于温室大棚内地面覆盖，适合在草莓、蔬菜果树栽培上应用。

②配色地膜：配色地膜是国际上20世纪90年代广泛使用的新型地膜品种。它在制膜工艺中采用双挤塑机及专用模头吹塑技术，将黑色母料和无色母料配组，吹塑成黑色膜条带与无色膜条带相间的配色地膜，有黑色、无色(透明)—黑色、无色—黑色—无色，以及单种植行、双种植行多种品种和规格。配色地膜不仅具有普通无色透明地膜的增温、保墒等

功能，而且增加了黑色膜带的灭草功能及稳定地温的功能。同时又利用透明膜与黑色膜条带下的不同温度效应，在不同季节将作物定植在不同颜色的条带下，以调节不同作物根系在不同生产阶段对根际温度、水分等环境条件的需求。适合在早春大田栽培的土豆、花生、烟草、玉米等早春作物上覆盖应用。在早春应用时，作物播种后定植在配色地膜的透明膜条带部分，透明膜增温促进了根系发育，而后期气温上升时，根系已伸展至黑色膜条带下，有降温保根作用，同时黑色膜抑制和防止杂草的生长。这样配色膜不但有防除杂草作用，还具有其他地膜没有的降温、保根作用。

③除草地膜：普通地膜在作物上的应用比较早，增产效果也十分显著。但是在许多地区实际应用过程中，出现了许多问题，特别是草害发生严重，影响了地膜的应用效果。使用传统的拔除、喷施除草剂等方法，不仅费工费时，而且除草效果不显著。除草地膜改变了传统的除草方法，将除草剂加入塑料原料中加工成为除草地膜，在大田中直接使用。

④增温地膜：增温地膜是在 PE 普通地膜的基础上，增加了增温剂、偶联剂及透明度调节剂，不但保留了 PE 普通地膜的保温、保墒和物理机械等所有性能，更具有增加地温、稳产增产的显著特点。

⑤降解地膜：从降解地膜的作用机理来分，降解地膜主要分为生物降解地膜、光降解地膜以及光—生物双降解地膜三大类。

生物降解地膜是指在自然环境下，通过微生物或菌类作用而发生彻底分解，重新进入生物圈的地膜。生物降解原理是在塑料薄膜制造过程中，加入一定量的添加剂，如淀粉、光敏剂、生物降解剂等，使其稳定性下降。当生物降解塑料地膜被丢弃到自然环境中后，环境中的微生物（主要是细菌和真菌）在代谢过程中分泌出酶并附着于地膜表面，在酶的催化作用下，组成塑料大分子中的某些化学键发生断裂，分子链变短，高聚物变为低分子化合物，地膜的物理结构被破坏。由于低分子化合物是微生物的良好碳源，使微生物迅速增长，同时被吞噬的低分子化合物由于微生物的生化作用，最终被分解成 CO_2 和 H_2O。经试验表明，大多数可降解塑料在一般环境中暴露 3 个月后，开始变薄、失重、强度下降，逐渐裂成碎片。但这些碎片如果埋在土壤里，降解效果不明显，故解决不了潜在的土壤环境污染问题。

光降解地膜是指在光的作用下能发生降解的地膜。光降解的原理是在地膜加工过程中加入光敏剂，加速光降解过程。大部分聚合物的自氧化反应的活化能为 41.8 ~ 167.2 千焦/摩尔，化学键的解离能为 167 ~ 600 千焦/摩尔，太阳光中波长为 290 ~ 400 纳米紫外光的光量子能量为 412.5 ~ 299.2 千焦/摩尔。因此，到达地面的紫外光可使塑料中的弱键断裂，发生降解反应，先变成粉末状，而后再被微生物分解，最终变为 CO_2 和 H_2O，进入自然界生态循环。氧、热、水（如雨、雪）、力（如风、沙）等自然环境因素，也会对光降解过程产生影响。

目前，有关研究人员正在研制一种双降解塑料，即光 – 生物双降解塑料。这种塑料具有光降解性和生物降解性的协同效应，是一种降解比较完全的可降解塑料。它是利用微生物敏感物质，如淀粉类或微生物敏感的化学物质与聚合物共混，同时向体系中引入光敏体系。诱导期后光敏剂发挥敏化作用，迅速将聚合物降解为低分子化合物，其中加入的微生物敏感物质可被土壤中的微生物利用，同时制品上聚集微生物作用与降解产生的低分子化合物，使聚合物最终被微生物同化，是目前较适合中国国情的降解地膜。

3. 新型有色农膜

由于各种新型有色农膜的颜色不同，对光谱的呼吸和反射规律也不同，从而对作物的生长及杂草、病虫害、地温的影响也不一样。因此，按照作物的不同要求，选择和使用适当颜色的农膜，是农作物增产增收的有效措施。有色农膜主要有以下 10 种。

（1）蓝色农膜：又叫蓝色增光膜，主要特点是保温性能好。在弱光照条件下，透光率高于普通农膜；在强光照条件下，透光率低于普通农膜。该膜主要适用于水稻育秧，有利于培育矮壮的秧苗。此外，还可用于蔬菜、花生、棉花、草莓等作物的覆盖栽培。早春阳畦蔬菜育苗时，可选用浅蓝色农膜，该膜可大量透过蓝紫色光，促进秧苗健壮。同时，它还可吸收大量的橙色光，提高膜内温度。早春，浅蓝色农膜覆盖的番茄、黄瓜及甘蓝幼苗，生长茁壮，茎粗叶大。

（2）银色农膜：主要特点是使植物进行光合作用的可见光（橙色光）

透过率减少，增温效果介于普通农膜和黑色农膜之间。银色农膜成本较高，多用于草莓、菜豆、茄子、甜菜、番茄及黄瓜等蔬菜及其他经济作物。

(3)黑色农膜:主要特点是透光率低，可有效防除杂草，但增温性能不及普通农膜。杂草严重或高温季节栽培喜凉蔬菜的地块，宜选用黑色农膜。该农膜覆盖，可使可见光透过率保持在10%以上，使杂草幼芽得不到必需的阳光而死亡。此外，覆盖后热量不易传入，可有效防止土壤水分的蒸发。在高温季节栽培夏萝卜、白菜、菠菜、秋黄瓜、晚番茄，效果良好。

(4)红色农膜:该膜的红光透过率可达75% ~90%，可阻挡不利于作物生长发育的色光透过，利用它可最大限度地满足某些作物对红光的需求，促进作物生长。实践表明，在红色农膜下培育的水稻秧苗生长旺盛，甜菜含糖量增加，胡萝卜直根长得更大，韭菜叶宽肉厚，收获早，产量高。

(5)紫色农膜:特点是紫色光透过率增加。主要适用于冬麦和塑料大棚的茄果类、绿叶蔬菜栽培，可增进品质，提高产量和经济效益。

(6)黄色农膜:用黄色农膜覆盖黄瓜，可促进现蕾开花，增加产量50% ~100%；覆盖矮秆扁豆，植株生长高大，抽薹推迟；覆盖茶叶树，茶叶产量提高，品质上乘。

(7)银灰色农膜:又叫避蚜膜。该膜反射紫外线的能力强，可有效驱避蚜虫和白粉虱，抑制病毒病的发生。另外，银灰色农膜还有除草作用，其增温效果介于透明农膜和黑色农膜之间，主要适用于夏秋季节蔬菜、瓜果及棉花、烟草等栽培，具有良好的防病、防蚜和改进品质的作用。

(8)镜面反光膜或镜面反射膜:主要适用于温室蔬菜栽培，可悬挂在温室内栽培畦北侧，以改变温室的光照条件，从而提高作物产量，改进品质。

(9)黑白双面膜:该膜是黑色和乳白色两种农膜复合而成，主要适用于夏秋季节蔬菜、瓜类的抗热栽培。覆盖时，乳白色膜朝上，有反光作用；黑色膜朝下，具有良好的降低地温的作用；保水与除草效果也很好，优于黑色农膜。采用该膜覆盖后，黄瓜、番茄、茄子、辣椒、菜豆等喜温蔬菜，萝卜、白菜、莴苣等喜凉蔬菜，在夏季都可以获得良好生长。

(10)银黑双面膜:该膜由银灰色和黑色农膜复合而成。覆盖的银灰色农膜朝上,黑色农膜朝下,具有避蚜、除草和保水等功效,主要用于夏秋季节蔬菜和瓜类作物的抗热抗病栽培。

二、农膜的选用

1. 农膜应用的机理

(1)棚室覆盖栽培:通过棚室结构的合理建造和选用适宜的塑料薄膜覆盖材料,使白天能透过尽量多的短波辐射,夜间透过尽量少的长波辐射,从而有效获取和保存太阳辐射能。在不适合作物生长发育的季节,创造良好的小气候条件,获得较好的温室效应和栽培效益。

(2)地膜覆盖栽培(包括中、小棚):通过塑料薄膜的覆盖,提高膜内温度,保持土壤水分,协调土壤耕作层的水、热、气、肥,改善土壤物理性状,创造一个相对稳定的、适于种子萌发和幼苗生长的生态环境,似"温室效应"。诸因素能相对稳定地协调在同一主体中,进而改善"土-根-株"的生态关系,促进作物生长,达到增产增收的目的。

2. 使用棚膜的注意事项

(1)扣膜技术:PE 三层复合耐候功能膜、PVC 无滴耐候防尘膜有内外之分,应注意按照厂家规定的内外方向扣膜。扣膜作业应选择晴天无风的中午进行。扣膜时应拉平、绷紧、压牢,以免产生皱折影响流滴效果。纵向骨架材料不能与膜接触,应采用专用塑料压膜线。另外,耐候功能膜有效使用期长,不宜采用上下竹竿加铁丝穿透薄膜的方法绑扎固定,而应采用压膜线固定。

(2)裂口、积雨(雪)及灰尘的处理:在薄膜使用过程中出现裂口,应及时修补,以免遭受风害。耐候功能膜在使用过程中,应注意擦洗。为保护薄膜,有雨水兜、积雪要及时清除。

(3)棚室结构的设计:防雾滴膜必须在一定角度且没有障碍物情况下,露珠才能沿膜面顺利流下,而不滴在作物上。因合理加大棚室和日光温室的高跨比,适当缩小拱杆间距,并使拉索与膜保持一定的距离,以保证流滴通畅。

(4)骨架材料的表面处理:要对棚室骨架表面进行光滑处理,对于钢骨架要进行防锈处理。

(5)施药技术:使用含硫、铁元素的农药时,应注意不要喷洒到棚膜面上,以免影响使用寿命。

(6)旧膜的处理:耐候功能膜连续覆盖1年后性能较差,宜从大棚、日光温室上撤下来,用于覆盖中小棚。覆盖一茬小棚后,一般还可以用于地面覆盖菠菜等越冬蔬菜。对不能继续利用的废旧薄膜,应集中交废品收购站或有关企业回收利用,防止出现白色污染。

3. 使用地膜的注意事项

(1)覆膜方式的选择:先播种后覆膜或先覆膜后播种,应根据气候和群众经验水平而定。先覆膜后可以避免放苗麻烦,农民容易掌握,但要注意播种孔不要太小。膜侧栽培的播种要紧贴膜边,保证种子与膜边距离不超过5厘米。

(2)地面的清理:垄作地区,覆膜前要清除垄面上的石渣残枝,以免戳破地膜。覆膜时应将地膜紧贴地面,膜边培土压膜7~10厘米,风大的地方垄面要每隔2~3米适当压土,并加大膜两边压入土的部分。高垄栽培时,应将薄膜压入垄沟底部,防止覆在垄腰部造成大风揭膜。

(3)足墒覆膜:地膜覆盖保墒的前提是足墒条件下覆膜,否则地膜覆盖反而会造成缺墒。播种时若土壤墒情不好,可用水点播或提早灌水后播种或者先播种,暂时不盖地膜,雨后抢墒覆盖。

(4)适时放苗:放苗时间要选择晴天,并且近日内无大风降温天气出现。放苗方法要掌握开口大小合适,放苗后及时用土封口,稳固幼苗。

(5)防止草害:由于覆膜,不能中耕除草,因此只能靠覆膜前喷施除草剂灭草。如发现漏喷长草或少数恶性杂草拱膜时,要及时铲土压在膜上,抑制其生长,待高温出现时会自然死亡,千万不要揭膜拔草。

(6)废膜回收:田间废旧地膜应在作物收获后及时回收,以免影响下一季作物的生长,同时减少“白色污染”。

4. 棚膜的合理选用

(1)聚氯乙烯(PVC)薄膜:这种棚膜保湿性、透光性好,柔软易造型,适合作温室、大棚及中小棚的外覆盖材料。缺点是:薄膜密度大,成本较高;低温下易变脆化,高温下易软化松弛;助剂析出后,膜面吸尘,影响透光;残膜不可降解和燃烧处理。

主要产品有：普通 PVC 棚膜，使用期为 4 ~ 6 个月，可生产一季作物，目前正逐步被淘汰。PVC 防老化膜，有效使用期 8 ~ 10 个月，有良好的透光性、保温性和耐候性。PVC 无滴防老化膜，同时具有防老化和流滴特性，透光性和保温性好，无滴性可保持 4 ~ 6 个月，安全使用寿命达 12 ~ 18 个月，应用较为广泛，是目前高效节能型日光温室首选覆盖材料。PVC 耐候无滴防尘膜，除具有耐候流滴特性外，薄膜表面经过处理，对日光温室冬春栽培更为有利。

(2)聚乙烯树脂(P.E)薄膜：质地柔软、易造型、透光性好、无毒，是我国目前主要的农膜品种。缺点是耐候性和保温性差，不易粘接。

主要产品有：普通 PE 棚膜，使用期仅 4 ~ 6 个月，生产上逐步被淘汰。PE 防老化棚膜，厚度 0. 08 ~ 0. 12 毫米，使用期长达 12 ~ 18 个月，可进行 2 ~ 3 季作物栽培，不仅使用期长、成本低、节能，而且产量与产值大幅度增加，是目前设施栽培中重点推广的农膜品种。PE 无滴防老化膜，同时具有流滴性、耐候性、透光性和保温性好等优点，防雾滴效果可保持 2 ~ 4 个月，耐老化寿命可达 12 ~ 18 个月，是目前性能较安全、使用广泛的农膜品种，可用于温室及大中小棚，也适用于节能型日光温室早春栽培。PE 保温棚膜，能阻止红外线向大气中辐射，提高大棚保温效果 1 ~ 2℃，在寒冷地区应用效果较好。PE 功能复合膜，具有无滴、保温、耐候、长寿等多种性能，如调光膜能对光线进行选择性透过，充分利用太阳光能，包括漫反射农膜、转光膜、L－蓝光膜、镜面反射膜等。

(3)乙烯－醋酸乙烯共聚物(EVA 树脂)薄膜：这种棚膜透光性、保温性及耐候性都强于 PVC 或 PE 农膜，可连续使用 2 年以上，老化前不变形，用后可方便回收，不易造成土壤或环境污染。

(4)聚烯烃(PV)薄膜：该膜综合了 PE 和 EVA 的特点，强度大，抗老化性能好，透光率高且燃烧处理时不会散发有害气体。

5. 各色农膜的用途

各色农膜对光谱的吸收、反射规律不同，且功能不一，对作物的生长发育及杂草、病虫害、地温的影响也不一样。科学使用有色农膜，才能促进作物的增产增收。

(1)红色农膜：能透射红光，能充分满足水稻、玉米、甜菜等对红光的需要,又能阻挡其他不利于作物生长的色光透过,使作物生长旺盛。

(2)黄色农膜:能透过红、黄、橙色光,排除青光和紫光。用黄色农膜覆盖黄瓜,可促进其现蕾开花,增产1~15倍;覆盖芹菜可使植株生长高大,推迟抽薹,延长食用期;用于覆盖茶树,能显著提高茶叶产量和品质。

(3)黑色农膜:透光率低,增湿性较缓慢,在杂草严重的地块和高温季节,可用其覆盖栽培萝卜、白菜、菠菜、秋黄瓜、晚番茄等。

(4)蓝色农膜:在弱光照条件下透光率高于白色农膜,而在强光照条件下透光率又低于白色农膜,非常适用于水稻育种,有利于培育矮壮秧苗,可覆盖栽培蔬菜、花生、草莓等,还能抑制十字花科蔬菜的黑斑病菌危害。

(5)银色农膜:有除草作用,能驱避蔬菜、瓜类蚜虫和白粉虱,适用于夏季蔬菜、瓜类、烟草的覆盖栽培。

(6)紫色农膜:能使紫色光的透光率显著增加,有利于作物养分调节,适用于冬春季温室或大棚的茄果类和绿叶类蔬菜栽培,可改良作物品质,促进增产。

(7)绿色农膜:多用于覆盖菜豆、茄子、甜椒、瓜类、草莓和其他经济作物,有利于防除杂草,提高产量。

6. 农膜的正确安装和使用技术

作物生长的三要素是阳光、温度和水分,农膜作为棚室的主要覆盖材料之一,透光率、保温性和防流滴性自然成为其主要的物性指标。为确保农膜能充分发挥功能,在安装和使用农膜时应注意以下问题。

(1)农膜在安装使用之前必须存放在遮阳、干燥的地方,不得日晒雨淋。如在冬季安装,安装前须将农膜放置在室温(2~3℃)下为宜。

(2)棚室结构中的铁和金属线应电镀,不得使用脏污和生锈的构件。同时,要避免使用暴露的金属线,以防撕破农膜。

(3)安装时,要将农膜拉紧拉平,以免影响使用效果。如希腊pep利得膜,有透光、保温、防滴、防积尘等多种功能。然而,若安装不当,不仅不能发挥其应有功能,而且还会严重影响使用寿命。

(4)切勿将农膜装反,否则,不能发挥其功能。

(5)在气温过高时不要安装薄膜,因为薄膜受热膨胀,而当温度降低时薄膜就会收缩，造成断裂和撕破。一旦发生破裂，宜用专用补胶带修补，以免影响农膜的功能效果。

(6)在打开薄膜卷前应检查作业地的地面情况，避免物体刺破或划伤薄膜。

(7)不要在薄膜上行走，也不要把装配工具或其他物体放在薄膜上，以防弄破薄膜。

(8)特别要注意的是，尽可能避免薄膜与温室构件直接连接。如果无法避免，应该在连接区域涂抹白色的丙烯酸－乙烯基，不要涂抹混合的有机溶剂。

(9)避免作物以及灌溉、暖气管路等设备与薄膜的直接接触。

(10)不要在室温内外燃烧蔬菜残叶、作物秸秆等，以免损坏薄膜。

(11)尽量限制使用杀虫剂、除草剂、生物处理制品，控制硫氢混合物的浓度。

(12)对植物使用杀虫剂时，要防止喷在薄膜上。

(13)避免杀虫剂在薄膜与温室构件接触位置上的集聚。使用杀虫剂后，应尽快对温室进行通风处理。

(14)在覆盖薄膜的地方，应该在薄膜上堆放适量的土，这样可以防止喷洒消毒剂对薄膜的损伤。

(15)不要使用硫酸。

7. 预防应用地膜覆盖栽培造成的灾害

应用地膜覆盖栽培不当，会导致霜冻、高温、膜内缺水干旱、大风揭膜等灾害，在生产上应注意预防。

(1)霜冻危害：地膜覆盖栽培，如果播种不适时或选用品种不当，往往也会使作物遭受“终霜”或“初霜”的危害。终霜危害，是指因地膜覆盖播种过早，在春天终霜到来之前就出苗于膜外，这时遇到终霜，幼苗叶片或生长点便会遭受冻害。初霜危害，是指作物生长期延长，在秋、冬季节初霜到来之前还未成熟而遭受冻害。终霜危害，应根据当年当地的积温及天气情况，确定适宜的播种期，避免在终霜到来之前放苗出膜。初霜危害，选择适宜生育期的作物品种，通过地膜覆盖栽培，使作物在初霜到来之前正常成熟。

（2）高温危害：高温危害，主要是烫芽和烤苗，是由于膜内形成"温室效应"而造成的。在气温较高或太阳辐射较强的情况下，膜内温度过高，会造成种芽在土壤中被烫死，幼苗叶片或生长点被烫死。地膜覆盖栽培，有先覆膜后扎孔播种和先播种、后覆膜两种方式，前者膜内的热气可从播种孔散出，膜内不易出现烫芽、烤苗现象，只是幼苗出膜后，因膜孔太小，遇到高温天气，膜内的热气从膜孔溢出而烫伤幼苗叶片或心芽；后者因受光面积大，膜内温度显著升高而不能散出，致使烧苗、烤苗。据测定，当地面达到30℃时，膜内就会烫伤绿豆、黄豆等作物的种子。先覆膜后扎孔播种的，应把膜孔适当放大一些，并用湿土压严膜边。先播种后覆膜的，当膜内温度过高时，应及时扎孔散热或在膜面喷水降温，以防止烫芽、烤苗。幼苗出土后，要及时放苗出膜，并压严膜边，防止烤苗。

（3）缺水干旱：在土壤水分不足时播种，膜内高温会使种子水分不断蒸发到膜壁上，形成水滴或滴入土壤表层，使种子因缺水而不能发芽，或者已萌发的芽子因缺水而枯萎死亡。选择墒情好的地块进行地膜覆盖栽培。先浇水，后播种覆膜，以保证种子发芽对水分的要求。

（4）大风危害：地膜覆盖栽培，覆膜后膜边未压实或膜面出现孔洞，遇到大风就会把膜掀开而失去覆膜的作用，使幼苗出土缓慢或出土后遭受霜冻危害。选择使用优质地膜，提高覆膜质量。膜边、膜面孔洞、放苗孔，要用土压实压严，以防止被风扯破或被风掀起。

三、农膜质量的鉴别与购买

1. 农膜质量好坏的鉴别

（1）高透光率农膜透明度高，而一般农膜颜色发白、不透明。

（2）优质农膜耐候性好，在寒冷冬天仍然保持很好的柔韧性；一般农膜则变硬，稍一折就会有白痕。

（3）长寿耐久性农膜拉力强度高，如剪一小条，拉伸时可伸长6～7倍，仍不会断；一般农膜则发脆。

（4）流滴性好的农膜用水喷时，水珠呈片状，而且沿膜壁下流；一般膜则水流呈片状。

（5）保温性农膜当被拉伸时，拉开的地方会变白，在变白的地方如反复拉伸时，则变透明，说明高保温；一般膜则无此效果。

(6)防尘膜无黏性，铺膜方便，而且用水喷膜面时，积水呈小水珠；一般农膜黏性强，膜与膜会黏在一起，不易拉开，易粘尘。

(7)散光性好的农膜透过太阳光时，光线柔和分散；一般农膜则有直射的感觉。

2. 选购农膜应注意的问题

现在市场上农膜来自不同厂家，厚度、价格都有较大区别，购买时要多注意以下问题。

(1)不仅要看产品合格证，而且要注意成批、整卷农膜的外观质量。质量好的农膜呈银白色，整卷匀实。好的农膜，横向和纵向的拉力都较好。

(2)选购质量可靠、信誉好的大中型企业产品。大中型企业设备工艺水平较高，有完善的检测手段，产品质量有保证。一些小型企业生产设备落后，技术力量薄弱，没有必要的检测设备，根本无法控制产品质量，只能靠低质低价来参与市场竞争。

(3)选购符合国家标准要求的地膜产品。选购地膜产品时不要图便宜去买超薄的，而要买厚度符合国标要求的，尽量不要买按企业标准生产的产品。

(4)购买时应选取卷取平整、无明显暴筋和错位的膜卷，打开膜卷后，观察薄膜有没有气泡、斑点、折褶、杂质和针孔等缺陷。

(5)要量一下地膜的宽度。不同的作物、不同的覆盖方式需要不同宽度的地膜，过宽和过窄都不行。同时，也需要比较一下地膜厚度。地膜的厚薄与增产效果关系不大，但与投资成本关系十分密切。0.005 毫米的高抗力地膜每千克可以盖0.32 亩地，而0.012 毫米的普通膜却只能盖0.6 亩地，所以应选用薄的。

(6)要算地膜用量，不要盲目购买。根据自己种植的方式，开畦作垄长度，算出一亩需要多少米地膜。

(7)根据农作物的种类、栽培方法选用适宜的农膜。农用塑料薄膜因厚度、颜色、透光率及性质的不同，作用也不同。只有根据农作物的种类、栽培方法选用适宜的薄膜，才能达到预期的目的。具体可根据生产企业的产品说明，选择相应作用的农用薄膜。

(8)通常市面上销售的伪劣农、地膜，大部分采用再生原材料来加工，外观上体现为薄膜表面杂质较多，透明度不高，朝向阳光处观察薄膜，呈混浊状态。使用再生原料加工的农、地膜，其物理机械性能较新原料生产的薄膜下降较多，容易发生破损而影响使用。

四、农膜的维护、修补与收藏

1. 延长农膜寿命讲“四防”

(1)防破裂。搭架大棚用的材料，多用铁丝、铝丝等。这些硬而尖的材料最容易将薄膜戳破。因此，搭架材料一定要做到表面光滑，将竿尖、竹节削光磨平。扎架要用麻绳等软材料，不要使用铁丝、铝丝等硬材料。

(2)防脱缝。大棚薄膜是由若干窄幅薄膜拼接而成的，如果拼缝太窄，黏结面积少，用力拉扯时就会造成脱缝。因此，在接拼时要增大黏结面积，提高黏结强度，避免使用时脱缝。

(3)防风刮。既薄又轻的大棚薄膜在冬季大风的袭击下最容易被吹破，因此薄膜蒙上后，应立即用压膜线压住。一般每隔 1 ~ 2 个棚架拉一道压膜线，线的松紧要适度。经常刮大风的地区，可在迎风一面设立简易防风障，以减轻风害。

(4)防老化。大棚生产结束后，要将薄膜洗净、晾干、卷好，放在通风、干燥、避光的地方，可推迟老化，延长使用寿命。在收藏期间，要严防暴晒、烟熏、火烤。

2. 农膜的黏接与修补

在保护地蔬菜生产中，菜农一般按生产要求把塑料膜黏接成一大块或三四块进行覆盖，这就需要进行农膜的黏接；当膜上出现孔洞时，为防止漏气进风，就需要进行修补。

农膜的黏接，最常用的方法就是用电熨斗进行热合。电熨斗选一般家庭用、调温或不调温的熨斗均可，但蒸汽熨斗不行。用电熨斗热合时，首先选一根长 2 米、宽 5 厘米、厚 5 ~ 8 厘米光滑平直的木板作垫板，把垫板固定在长板凳上，由 4 人操作。其中 2 人分别在垫板两头将两幅薄膜的边重叠 5 厘米对齐，压在垫板上撑紧(或把绳子卷在薄膜内，薄膜幅边重叠5厘米)。1人在重叠农膜上覆一层8厘米宽的牛皮纸条或厚报纸条,从拿预热的电熨斗在报纸上自垫板一端适当用力,慢慢推向另一端。通过调整农膜的黏合情况,调整压力和前进速度,以达到黏合牢固均匀为宜。

黏接的温度,聚乙烯膜为110℃,聚氯乙烯膜为130℃。温度过低,熨斗走得快,黏不牢;温度过高,易使农膜熔化,黏接处变薄或出现破洞。好的黏接效果应该是压力、温度和推进速度配合恰当。在垫板上包一层铁窗纱网,可以有效提高黏接质量和速度。黏接旧薄膜时,必须擦净黏接面的灰尘,等黏接面晾干后方可进行,并且要求牛皮纸与农膜轻度黏在一起时,才能达到较好的黏接效果。整幅农膜黏接或穿绳时,一般不提倡用黏合剂黏接。

当农膜出现破洞时,应该用专用黏合剂及时进行修补,如膜在棚上盖着,不需拆下,也同样只能用黏合剂修补,农用薄膜种类不同,使用的黏合剂也不同。如聚氯乙烯农膜应用聚氯乙烯黏合剂,聚乙烯农膜应用聚乙烯黏合剂。如果黏合剂选错了,黏合效果就很差或者没有效果。农膜黏合剂分为两大剂型,一种为溶剂型黏合剂,使用时不能涂抹太多,涂后应稍晾一下,然后把小块农膜压在破洞上,过几个小时后方能黏牢;另一种为溶质型黏合剂,把小块农膜和破洞周围擦净、涂抹黏合剂后,即可把小块农膜压在破洞上,要适当用力挤压。该类型黏合剂的黏合速度较溶剂型黏合剂快。但不论采用哪一种,都要先擦净破洞周围的膜再进行修补。另外,也可以用电熨斗进行修补。只是下面要用一块稍大且平整的木板垫上,上面用牛皮纸盖上,适当用力顺着农膜的边缘通过即可补好。

3. 农膜收藏的方法

近年来,地膜覆盖技术在广大农村普及应用,农民为了提高经济效益,变地膜1年用1次为1年2用或多用。如何正确地保存地膜、防止老化、避免变质,已成为农户必须解决的实际问题。

(1)干袋存法:这是指在自然条件下,装袋保存地膜的方法。将覆盖过作物的地膜洗净叠好,用塑料袋装好,扎紧袋口,放在湿润、阴凉的地方,不要接近热源,防止阳光照射变质。此法一般可保存2年。

(2)草芯卷藏法:把洗净晾干的薄膜卷成筒状,中间加稻草作芯,以便通风透气。卷膜时最好加点滑石粉以防黏连,然后将卷好的薄膜放在仓柜等处,平时要少挪动,并应注意防高温、高湿和鼠害。

(3)水存法:将覆盖过的地膜,洗净泥土,随即卷成捆或叠整齐,放入缸、池内,在地膜上面压上重物,倒入清水淹没地膜,然后加盖遮阳。存放期间,池、缸内不能脱水。用此法保存,地膜使用寿命可达5~6年。

(4)土存法:将覆盖过的地膜,洗净泥土,叠好或卷成捆,用塑料袋包装好,挖一个80厘米深的土坑,把地膜放入坑里,覆盖30厘米厚土。保存效果同水存法。

(5)窖存法:将洗净的地膜,随即带水滴叠好,装入塑料袋中,用细绳扎紧袋口,放入地窖即可。此法比干袋存法效果要好。

4. 收藏农膜的注意事项

近年来,随着农业种植结构的调整,农膜使用量不断增加,为节约成本、减少支出,一定要科学收藏农膜。

(1)收:薄膜育苗后应及时收集,揭膜时应小心轻揭。特别是地膜比较薄,不要用力过猛,以免扯破,造成不应有的损失。

(2)洗:把揭开的薄膜集中放在冷水里浸泡,及时清洗,忌用手揉搓和用棒捶打。

(3)晾:洗净后,应敞开摊放在阴凉通风处晾干,不要暴晒,并防止风吹刮破薄膜或内湿外干。

(4)补:晾干后储藏前,将薄膜进行一次全面检查,如有破损的地方及时补好。方法是剪一块稍大破损面的同质地的薄膜或地膜,加垫后互相补平,压紧黏合,以提高利用率。

(5)卷:用一圆滑木棒作卷心,把薄膜铺平捆卷,每卷一层撒一层滑石粉,以防薄膜吸潮黏连。

(6)藏:有两种方法,一是地窖储藏法。先选择一间干燥的空屋,在屋里挖一个比薄膜体积大的坑,长短可依薄膜而定,将窖底垫上砖头防潮湿,放好膜后加盖板即可。另一种方法是将薄膜放置在楼上干燥处,防日晒雨淋。

(7)查:存放好后,要做到经常检查,以防鼠咬虫蛀或日晒、潮湿等,发现问题应及时处理,这样才能确保收藏薄膜质量。

5. 夏天如何收藏农膜

夏季天气日渐炎热，农膜育苗已基本结束。很多农民朋友由于缺乏科学保管农膜知识，使大量农膜损坏严重，不能很好地二次使用。因此，收藏好农膜，不仅能节约成本，而且能减少支出，有效地变废为“宝”。

停止使用的农膜要及时收起，收膜时不要用力过大、过猛，注意不要扯破膜面。尤其是地膜比较薄，揭膜时一定要小心，轻、慢。

把收起后的农膜集中起来，放进冷水里浸泡，及时清洗。清洗时，不能用手搓揉，更不能用棒槌捶打。

洗净后的农膜，要晾放在阴凉通风处，不要暴晒。要单面铺开，不能内湿外干。晾膜时，注意风吹刮膜，以防划破膜面。

农膜晾干后，进行一次全面检查，对破损的地方进行及时粘补。粘补的“补丁”应取同质的农膜，先压紧，后黏合。

选择一光滑木棒作卷芯，把农膜铺平，进行卷捆。最好在铺平的农膜上撒一些滑石粉，以防膜面黏连。

选择一间干燥的空屋，卷捆的农膜要横着放，不要竖放。下面要垫好板块，以防潮湿。同时，要注意漏雨漏水湿膜。

农膜存放后，要经常检查，以防虫蛀鼠咬或潮湿浸膜，发现问题，应及时处理。

6. 农膜的保养

应轻拿轻放农、地膜，避免刮伤，避免露天存放。农用薄膜使用后由于直接与土壤接触并长期暴露于日光、风雨中，因此自身污染严重，且使用后性能下降较多，因此继续使用不能达到使用要求，建议回收后交给有关企业再加工为低档次的其他产品。

第四章　农资农家店的开店准备

农资农家店营销员的任务是向农村农资农家店和农户供应农业生产资料。无论是向农村农资农家店供应农业生产资料,还是向农户供应农业生产资料;无论是从农业部门本身采购来的农业生产资料,还是从工业部门采购来的农业生产资料,都要开设一个店面,向消费者销售。要开店就要有一个周密的计划,做好准备工作。开店的计划和准备,大致可以分成两种:一种是心理上的准备;一种是实质上的准备,包括筹措资金、选择行业、选址、办理经营执照等。

第一节　经营目标的确定

按照商业部规范农资经营的具体要求,根据各地农业生产中生产资料的需求,选择两项以上的经营项目。

1. 种植业相对集中地区

种植业相对集中区域选择种子、肥料、农药等为主要经营项目。同时也要根据主栽作物的不同,经营品种有所差异。

(1)大田作物区:以粮食、棉花、油料作物为主的种子、种苗的经营。同时围绕粮食、棉花、油料作物,经营肥料、农药的品种。

(2)蔬菜作物区:以保护地和露地蔬菜作物为主的种子、种苗的经营。同时围绕保护地和露地蔬菜作物,经营肥料、农药的品种。

(3)果树区:以干果、鲜果为主的种子、种苗的经营。同时围绕干果、鲜果,经营肥料、农药的品种。

(4)茶树区:以茶树为主的种子、种苗的经营。同时围绕茶树,经营肥料、农药的品种。

2. 畜牧业相对集中地区

畜牧业相对集中地区,选择种畜、种禽、饲料、兽药等经营项目。又因为养殖的畜禽不同,经营品种有所差异。

(1)食粮牲畜禽地区:主要包括猪、鸡饲养。主要经营仔猪、种蛋、鸡苗,围绕猪、鸡饲养的饲料品种(包括预混料、浓缩料),以及大宗和常用饲料的粮食经营。与此同时,要搞好猪、鸡饲养的环境消毒药物和常用治疗药物的经营。

(2)食草牲畜禽地区:主要包括牛、羊、兔的饲养。主要经营小牛、小羊、小兔等,围绕牛、羊、兔饲养的饲料、饲草品种。与此同时,要搞好牛、羊、兔饲养的环境消毒药物和常用治疗药物的经营。在有机奶生产的地区,还要有中草药等品种的经营。

(3)农牧混合地区:在农牧混合地区的农资农家店经营项目,一定要兼顾种植和养殖两方面种子、种苗和饲料、饲草的品种经营,以及环境消毒药物和常用治疗药物的品种经营。

另外,林业地区和水产地区则根据林业和水产的特点,安排经营项目和经营品种。

第二节　开店的各种准备

一、思想准备

全心投入开店做生意之前,必须做好心理上的准备。一是要做好迎接改变的准备。农资农家店营销员要时刻提醒自己:开店是属于自己的事业。开店创业是人生的一个大决定,它意味着将过一种与普通人不太一样的生活,如果心理上没有准备,真的干起来,会很不适应。二是要对风险有一定的认识。农资农家店营销员要认识到:做生意的出发点是为了赚钱,但却是有风险的。风险并不可怕,只要心态保持冷静,做事有依据,未雨绸缪,就可以将风险控制在最小的范围。一个人如果什么风险都不敢冒，那就成不了大器；但如果盲目冒险，那又是武夫的作为。开农资农家店之前在心理上确认风险，才能在面对风险的时候，做到有勇有谋。三是要有积极的态度。有一句格言说："一个人的人生态度决定了人生的高度。"态度是一种重要的影响力量。创业赚钱的过程从来都不会一帆风顺，只有在态度上保持积极的状态，才会在面临困难时不萎缩，坚强自信，跨越障碍。

为了加强自我形象，就必须有自信心，必须作好充分的心理准备，100%相信自己是最好的。这样，可以随时扫除可能产生的任何障碍，从而拥有一个成功的自我形象。有了这种心理准备，拥有成功的形象，才有可能创出一番事业。没有充分的准备，那就有可能失败。

事实证明，成功者气质发展是一份内外兼修的力量。属于"内"这方面的技巧会提高他的内在本质，进而由内而外发散。如何增加自己精神上和情绪上的能量，以便让自我更加提升，所有的成功者气质，皆来自于自我核心本质的强烈的外散。

他的自我力量增强以后，就会了解为什么在一个农资销售员身上也能找到真正的成功者的气质，就像在一名总统身上找到的成功者气质一样。"成功者气质"的术语，是指内在气质与外在气质合二为一。当内在的气质与外在的气质表现出来的时候，成功者气质就显露出来了。

信任自己，要从内心觉得自己很舒服很自在，就自然而然地散发出一股成功者风采。这是一个成功者的心理准备的重要标准。

二、筹集资金

资金是农资农家店运行的血液。日本创业家中田修说：有钱准都会创业，关键在于没钱怎么创业。在筹到开店所需要的资金之前，要做一个详细的资金预算表。

1. 资金预算

开商店之前，需要制作资金预算表格。资金预算表，包括共需要多少资金？这些资金用到哪些地方？自己可运用的资金有多少？开店总费用减去自己的资金，不足额为多少？不足额的部分，是否有借贷来源？自己的偿还借款计划，是否有能力按规定还债？

一个详细准确的资金预算表是准备开店资金的重要文件,有了它才能对资金来源和去向做到心中有数。

2. 靠自己积蓄

农资农家店营销员开店需要一笔充足的开办经费和周转资金,以免在开办初期因各种不可预测的原因造成周转不灵,影响生意。这笔资金可以是你多年辛苦积蓄或由亲朋好友凑集。然而,营销员自己拥有越多,可能借到的也就越多,人们总是认为把10块钱借给一个拥有10块钱的人,比借给一个只有一块钱的人更有偿还保障。

营销员积累的资金不要全部投入,以免店破产蒙受巨大损失,甚至难以糊口。因此,开店时不要盲目追求规模,以免投资过大而生意又不景气。小店的收入较少,风险性也较小。营销员可以在开小店的过程中逐渐摸索经营规律和积累经验,为日后的发展做准备。小店虽赢利不大,但把生意做活了,日积月累,资金也逐渐积累起来了。但如果资金很少,连开小店都还不够,就可以寻找合伙人共同开店。

3. 合伙经营

假如开设一个大的农资店铺,前期投入的资金较多,营销员又无法通过赢利来周转,可以选择1~2个可靠的合伙人来共同经营,便可解决资金方面的问题。但合伙经营往往易产生各种各样的纠纷,故选择合伙者应当十分慎重。农资农家店营销员在选择合伙人员时,要注意每一个成员对店铺及其前景的看法是否一致,对于勉强加入的成员,要适时加以疏通,避免埋下失败的种子,切忌出现向不同方向用力拉车的人。

4. 精打细算

精打细算,减少开业初期投资。开店铺要赚钱,就必须精打细算。

(1)精简人员:由于农资农家店利润有限,人员就必须精简。顾客少于店员、台上多于台下,是店铺经营的失败。有些小店在开业初期,老板经常身兼数职,从招呼客人到进货卖货,从商品陈列到清洁打扫等,样样都自己动手。有些农资小店,即使在开业初期,老板一个人是无论如何也照顾不过来的。那么,农资农家店老板如何雇人,如何充分利用每个人,就显得非常重要了。即使以后农资店规模扩大了,人员增多了,也要尽量做到人尽其才,让每个店员最大限度地发挥其特长和作用,这是降低成本的有效方法。

(2)加强核算准备:农资农家店再小,也要记账、算账、结账。要聘请会计人员、出纳人员,规定财务制度,做好加强经营成本核算的准备。

5. 申请银行贷款

银行对创业者不是很相信的,就算是自负盈亏的商业银行也一样。在他们看来,创业者除了有一个方案以外,一无所有,而且这个方案又很可能只是一个梦想而已。即使这样,创业者也应该尝试,取得银行人员的信任。

(1)向银行交贷款申请和详细计划:除了交上贷款申请以外,农资农家店营销员要准备一份详细的计划,并和银行工作人员多进行沟通,使其对你所从事的事情感兴趣,并愿意按你的思路思考下去,最终得出赢利的结论。在此,要充分地为对方着想,从风险到还款日期、利率,不能把银行工作人员看成想利用的一方,而应看成是共同完成事业的伙伴。这种方式,是以农资农家店营销员的信用为前提的,培养自己的信用,是创业者可以发挥长处的地方。

(2)向银行提交担保:农资农家店营销员另外取得银行信任的方法是担保。这种担保可以是个人财产的抵押,也可以是其他单位做担保人。很明显,创业者个人财产为数不多,抵押贷来的资金量不大,一般可用于短期的资金周转。第三者做担保人往往是一种经济行为,这除非有一定的关系和信用保障才能做到,因为担保本身是一件带风险的事情。即使在取得成功后,也应谨慎,因为它带来的后果经常令人痛心。

(3)搞活公共关系:除了上述两项必须做以外,还要搞好沟通,相互交流,相互了解,在开店前就得到银行的支持。

6. 租赁筹资

租赁是一种古已有之的筹资方式。农资农家店营销员在资金没有达到一定规模的时候,采用租赁的方式获得必备的店面、设备,无疑会加快赚钱的步伐。当然,也要向租赁公司提供像样的保证,最低限度使租金有所保障。用不太多的资金去拥有开店所需资本的做法相当可取。租赁的优点大于缺点,它无需筹措大笔资金,便于更换最新设备,能 100% 利用资金。

三、选择地址

适当的农资农家店店址对农资销售有举足轻重的影响，通常店址被视为商店的三个主要资源之一，有人甚至以“位置，位置，再位置”来着力强调。因此，特定开设地点决定了店铺顾客的多少，同时也就决定了开店销售额的高低，店址确实是一种资源。

1. 投资额

农资农家店投资额较大且时期较长，关系着农资农家店铺的发展前途。农资农家店的店址不管是租借的还是购买的，一经确定，就需要大量的资金投入；营建店铺，当外部环境发生变化时，它不可以像人、财、物等经营要素可以做相应调整。因此，必须深入调查，周密考虑，妥善规划，以做出较好的选择。

2. 选址的作用

（1）经营目标和经营策略制定的重要依据。确定农资农家店地址，是经营目标和经营策略制定的重要依据。不同的地区，在社会地理环境、人口交通状况、市政规划等都有自己的特征，分别制约着农资农家店铺顾客的来源、特点，也制约着农资农家店对经营的商品、价格、销售活动的选择。所以，农资农家店营销员在确定经营目标和制定经营策略时，必须要考虑店址所在地区的特点，使得目标与策略都制定得比较现实。

（2）影响农资农家店经济效益的一个重要因素。实践证明，农资农家店店址选择得当，就意味着其享有优越的地理优势。在同业商店之中，如果在规模相当、商品构成、经营服务水平基本相同的情况下，则会显现出较大的优势。

（3）能够便利顾客。农资农家店店址选择得当，能够便利顾客。因为能节省顾客时间、费用，最大限度满足顾客的需要，否则会失去顾客的依赖、支持和光顾，农资农家店也就失去存在的基础。当然，这里所说的便利顾客不是简单地理解为农资农家店店址最接近顾客，还要考虑到大多数顾客的需求特点和购买习惯，在符合市政规划的前提下，力求为顾客提供广泛选择的机会，使其购买到最满意的商品。

3. 店址的区域位置选择

农资农家店应该选择设在一个最有利的区域，如商业中心、交通要道和交通枢纽、居民住宅区附近，形成了以下 3 种类型的商业群。

(1)中央商业区：这是最主要的、最繁华的商业区，主要大街贯穿其间，云集着许多著名的百货商店和各种大饭店、影剧院和写字楼等现代设施。

(2)交通要道和交通枢纽的商业街：它是次要的商业街。这些地点是各种人流经之处，在节假日、上下班时间人流如潮，店址选择在此处大大方便了来往人员。

(3)居民区商业街和边缘区商业中心：居民区商业街的顾客，主要是附近居民，在这些地点设置商店是为方便附近居民就近购买日用百货、杂品等。边缘区商业中心往往坐落在铁路重要车站附近，规模一般都不太大。

(4)顾客对商品的需求：就一个具体的店铺，在选择店址时应充分考虑顾客对不同商品的需求特点及购买规律。

①日常生活必需品：这类商品周期性大，价格较低，购买频繁，顾客购买时力求方便，希望时间、路程耗费尽可能少，所以经营这类商品的店铺应最大限度地接近顾客居住区。

②周期性需求商品：顾客是定期购买该类商品，而且一般要经过广泛比较，因此经营这类商品的商店通常设在商业较为发达的地区。

③耐用消费品及特殊性需求商品：耐用消费品多为顾客一次购买长期使用，购买频率低。这种店铺的商圈范围要求更大，应设在客流更为集中的中心商业区或专业性的商业街道，以吸引尽可能多的潜在顾客。

④农业生产资料商品：应符合农业农资农家店、农户的需要。店址以建在城市郊区或县、乡政府所在地为宜。

4. 店址的地点选择

农资农家店店址选择与区域位置选择不同的地方，在于同一区域中，店铺往往可以有几个地点可以选择，因此店铺还应在充分考虑到各种有关因素后，选择适当的地点。

(1)租金与租约：房租是最固定的营运成本，尤其在寸土寸金的大城市，房租往往是开店的一大负担。有些商品周转迅速、体积小占空间小的商店，可以位于高租金区；需要较大空间的农用物资店，最好设置在低租金区，如城市郊区。租约有固定价格和百分比两种，前者租金固定不变；后者租金较低，但房东分享总收入的一定百分比，类似以店面来投资作股东。对于初次创业者来说，最划算的方式是签订一年或两年租期，以备是否有更新的选择。

（2）交通因素：

①店址的停车设施：确定一个规模合适的停车场，应该根据商圈大小、商店、规模、其他停车设施、非购买者停车的多少和不同时间的停车量而定。

②店址附近的交通状况：需要考虑店址是否接近主要公路，商品运至商店是否方便，交货是否方便等，在一些城市里有许多大街（通常在白天）禁止货车通行，北京即为一例。

③交通的细节问题：设在边缘区商业中心的商店，要分析与车站、码头的距离和方向，通常距离越近，客流越多。

④开设地点还要考虑客流来去方向：如选在面向车站的位置，以下车的客流为主；选在邻近市内公车站的位置，则以上车的客流为主。与此同时，还要分析市场交通管理状况所引起的利弊，如单行线街道、禁止车辆通行街道以及与人行横道距离较远，都会造成客流量的不足。

（3）客流因素：客流量大小是一个店铺成功的关键因素。客流包括现有客流和潜在客流，通常店址总是力图选在潜在客流最多、最集中的地点，以便于多数人就近购买商品，但农资销售仍应从方便农业农资农家店和农户角度考虑。

①客流类型：一般店客流分为 3 种类型，即自身的客流，是指那些专门为购买某商品的来店顾客所形成的客流；分享客流，指一家店铺从邻近商店形成的客流中获得；派生客流，是指那些顺路进店的顾客所形成的客流，这些顾客只是随意来店购物。

②客流目的、速度和滞留时间：不同地区客流规模虽可能相同，但其目的、速度、滞留时间各不相同，要作具体分析，再选择最佳地址。

③街道特点：选择店铺开设地点，还要分析街道特点与客流规模的关

系。十字路口客流集中,可见度高,是最佳开设地点。有些街道由于两端的交通条件不同或通向地区不同,客流主要来自街道的一端,表现为一端客流集中、纵深处逐渐减少的特征,这时候店址宜设在客流集中一端。有些街道中间地段客流规模较大,相应中间地段的店铺就更能吸引潜在顾客。

(4)竞争因素:店周围的竞争情况对经营成败有巨大影响,因此在选择店铺开设地点时必须分析竞争形势。如果在开设地点附近竞争对手不多且独具特色,就会吸引大量的客流,促进销售增长;与竞争店比邻而居,将无法打开销售局面。

尽管如此,店址还是尽量选择在商店相对集中且有发展前景的地方,特别是经营选购性商品的商店。当店址周围的商店类型协调并存、形成相关商店群时,往往会对经营产生积极影响;如经营相互补充类商品的商店相邻而设,在方便顾客的基础上,则会扩大各自的销售,也就是有了好处大家一起得。

5. 选址技巧

一个最理想的店址应当具备以下6个特征,至少也要拥有两个,若是全部拥有那就算真可谓黄金宝地了。

(1)商业活动频度高的地区:在闹市区,商业活动极为频繁,把店设在这样的地区营业额必然高,这样的店址就是“寸土寸金”之地。相反,如果在客流量较小的地方设店,营业额就很难提高。

(2)人口密度高的地区:居民聚居、人口集中的地方适宜开店。人们有着各种各样的对于商品的大量需求。如果店能够设在这样的地方,致力于满足人们的需要,那肯定会生意兴隆,收入通常也比较稳定。

(3)面向客流量多的街道:店铺处在客流量最多的街道上,可使多数人购物都较为方便。

(4)交通便利的地区:如在旅客上车、下车最多的车站及其附近,也可以在顾客步行距离很近的街道开店。

(5)接近人们聚集的场所:如电影院、公园、游乐场、舞厅等娱乐场所,或者大工厂、机关的附近。

(6)同业愈多的地区:大量事实证明,对于那些经营选购品、耐用品的商店来说，若集中在某一个地段或街区，则更能招揽顾客。从顾客的角度来看，店面众多表示货品齐全，可比较选择。所以，农资农家店营销员不要害怕竞争，同业愈多，人气愈旺业绩就愈好，店面也就会愈来愈多。许多城市已形成了各种专业街，许多精明的顾客为了货比三家，往往不惜跑远路也要到专业街购物。

不适合选址开店的地方：高速车道边，由于快速通车的要求，一般设有隔离设施，两边无法穿越，也较少有停车设施。周围居民少或增长慢而商业网点已基本配齐的区域，因为在缺乏流动人口情况下，有限的固定消费总量不会因新开商店而增加。高层楼房，因为高层开店，不便顾客购买，同时高层开店一般广告效果较差，商品补给与提货都多有不便。近期有拆迁可能的地区，新店局面刚刚打开就遭遇拆迁，会造成很大投资损失。

当农资农家店营销员资金较少时，只要策略得当，也可以等到合适的店面。一般小额资金农资农家店营销员的选店法则有四项：选自己居住的地区，选与自己经济上或人事上有关系的地区，选自己希望的区域，选预算范围内的适当地区。前两项选择是运用地缘关系，可以广泛利用既有人际关系拓展业务，打下创业基础；后两项选点前，必须针对当地情况作一定的调查分析，并根据调查结果确定营业内容、定价策略、从事规划、营业时间等。如果店址都符合你的开店条件，那就快点行动。但是，也要注意选择店面不可一味贪求房租低廉，能够让你赚到钱的店面才是好店面。

若你非常垂青于黄金地段，而又苦于资金不足时，分租店面的方式说不定能助你一臂之力。通常在车水马龙、人气汇集的热闹地段开店，成功的概率较高，可采取分租店面的方式，也就是目前盛行的“复合店面”。在你所中意的地段中找寻合适的伙伴，共用一个店面，不但可以节省房租，而且如果同一屋檐下的两种行业，顾客购物属性雷同且产品可以互补，就可以收到相辅相成之效。这种复合店的形式相当常见。

第三节　申请注册

要开办农资农家店，还要进行农资农家店的登记设立，唯有通过农资农家店的登记注册的法定程序，店铺才是合法的，也才能宣告正式成立，可与外界进行正常的法律所允许的经营、管理活动。

农资农家店工商登记，是农资农家店营销员依照有关法律、行政规章的规定，履行登记注册手续，经工商行政管理机关核准登记发照，取得法人资格或营业资格的过程；是工商行政管理机关对农资农家店的筹建、开业、变更、分立、歇业及其经营活动进行监督管理的过程。

一、农资农家店登记申请

进行农资农家店登记申请，首先应当具备如下条件。

(1)有符合规定的名称章程。

(2)有国家授予的农资农家店经营管理的财产或者农资农家店所有的财产，并能够以其财产独立承担民事责任。

(3)有与生产经营规模相适应的经营管理机构、财务核算机构、劳动组织以及法律或章程规定必须建立的其他机构。

(4)有必要的与经营范围相适应的经营场所和设施。

(5)有与生产经营规模和业务相适应的从业人员。

(6)有健全的财会制度，能够实行独立核算，自负盈亏，独立编制资金平衡表或资产负债表。

(7)有符合规定数额并与经营范围相适应的注册资金。其中，生产性公司的注册资金不得少于 30 万元；以批发业务为主的商业性公司不得少于 50 万元；以零售业务为主的商业性公司不得少于 30 万元；咨询服务性公司不得少于 10 万元；其他农资农家店法人的注册资金不得少于 [illegible] 万元。国家对农资农家店注册资金数额有专项规定的按规定执行。

(8)有符合国家法律、行政法规和政策规定的经营范围。

(9)法律、行政法规规定的其他条件。

然后,农资农家店营销员应当向工商行政机关提交文件、证件,以待其进行审核。包括组建负责人签署的登记申请书;主管部门或者审批机关的批准文件;农资农家店章程,应经主管部门审查同意;资金信用证明、验资证明或者资金担保;农资农家店主要负责人的身份证明,包括身份证、附照片的个人简历(由人事关系所在单位或者乡、镇、街道出具);住所和经营场所使用证明,包括产权证明、租赁期一年以上的房屋租赁协议;其他有关文件、证件。

二、农资农家店登记注册

农资农家店登记注册,确认农资农家店的法人资格或营业资格,是行使国家管理经济职能的一项行政监督管理制度。它在农资农家店进行登记申请、由工商行政机构进行审核批准后进行,是对农资农家店法人资格依法确认的具体反映,是农资农家店合法经营的依据,它具有法律效力,农资农家店在核定的登记注册事项的范围内从事生产经营,依法享有民事权利,承担民事义务,受到法律保护。它分为农资农家店法人登记注册事项与农资农家店营业登记注册事项。

农资农家店法人登记事项,主要有名称、住所、经营场所、法定代表人、经济性质、经营范围、经营方式、注册资金、从业人数、经营期限、分支机构等。

营业登记注册的事项,主要有名称、地址、负责人、经营范围、经营方式、经济性质、隶属关系、资金数额等。

三、税务登记的程序

税务登记,也叫纳税登记,是税务机关对纳税人的开业、变动、歇业以及生产经营范围变化实行法定登记的一项管理制度。

凡经国家工商行政管理部门批准,从事生产、经营的公司等纳税人,都必须自领取营业执照之日起30日内,向税务机关申报办理税务登记。

从事生产、经营的公司等纳税人应在规定时间内,向税务机关提出申请办理税务登记的书面报告,如实填写税务登记表。税务登记表主要包括:农资农家店或单位名称,法定代表人或业主姓名及其居民身份证、护照或其他合法入境证件号码；纳税人住所和经营地点；经济性质或经济类型、核算方式、机构情况、隶属关系，其中核算方式一般有独立核算、联营和分支机构 3 种；生产经营范围与方式；注册资金、投资总额、开户银行及账号；生产经营期限、从业人数、营业执照号及执照有效期限和发照日期；财务负责人，办税人员；记账本位币、结算方式、会计年度及境外机关的名称、地址、业务范围及其他有关事项；总机构名称、地址、法定代表人、主要业务范围、财务负责人；其他有关事项。

农资农家店营销员作为纳税人在填报税务登记表时，应携带下列有关证件或资料：营业执照；有关合同、章程、协议书、项目建议书；银行账号证明；居民身份证、护照或其他法人入境证件；税务机关要求提供的其他有关证件的资料。

农资农家店营销员办理税务登记的程序是：先由农资农家店经营者主动向所在地税务机关提出申请登记报告，并出示工商行政管理部门核发填写有关内容。税务登记表一式三份，一份由公司等法人留存，两份报所在地税务机关。税务机关对公司等纳税人的申请登记报告、税务登记表、工商营业执照及有关证件审核后予以登记，并发给税务登记证。

税务登记证是农资农家店营销员向国家履行纳税义务的法律证明，应妥善保管，并挂在经营场所明显而易见处，亮证经营。税务登记只限农资农家店经营者自用，不得涂改、转借或转让，如果发生意外毁损或丢失时，应及时向原核发税务机关报告，申请补发新证，经税务机关核实情况后，给予补发。

第四节　创业必备的法律知识

一、个体工商户可从事的行业

根据国务院 1987 年颁发的《城乡个体工商户管理暂行条例》及国家工商行政管理局颁发的《城乡个体工商户管理暂行条例实施细则》的规定，个体工商户可以从事如下行业的经营。

1. 工业、手工业

是指从事自然淘汰开采和商品的生产、制造、加工、矿产开采以及生产设备、工具维修业等。

2. 建筑业

是指从事土木建筑、设备安装和建筑设计、房屋修缮业等。

3. 交通运输业

是指从事公路、水上客货运输，装卸搬运等。

4. 商业

是指从事商品收购、销售、贩运、贮存业等。

5. 饮食业

是指从事饭馆、菜馆、冷饮馆、酒馆、切面铺等。

6. 服务业

是指从事理发、照相、浴池、洗染、旅店、刻字、体育娱乐、信息传播、科技交流、咨询服务业等。

7. 修理业

是指从事钟表、自行车、缝纫机、收音机、电视机、黑白铁及其他杂品修理业等。

8. 其他行业

是指国家法律和政策允许个体工商户经营的其他行业。对国家规定经营者需要具备特定条件或需经行业主管部门批准的，应当在申请登记时提交有关批准文件。如申请从事机动车船客货运输的，应出具车船牌照、驾驶执照、保险凭证；申请从事饮食业、食品加工和销售业的，应出具食品卫生监督机关核发的证明；申请从事资源开采、工程设计、建筑修缮、制造和修理简易计量器具、药品销售、烟草销售等的，应提交有关部门批准文件或者资格证明；申请从事旅店业、刻字业、信托寄卖业、印刷业的，应提交所在地公安机关的审查同意证明。

二、不允许个体工商户从事生产经营的行业和商品

国家明令禁止个体工商户生产经营的行业，主要有军工业；严重污染城乡生态环境的行业，如电镀、漂染等；重要生产资料和紧俏耐用消费品

的供应、批发业务；黄金的开采、选冶、加工、收购、销售；设立银行或其他金融机构；烤烟、名烟晒烤的收购、复烤；卷烟、雪茄烟的生产、收购、批发，手工卷烟生产；精神药品、毒性药品、放射性药品、麻醉药品的生产和经营；剧毒化学危险品和民用爆炸品的生产和经营，烟花爆竹生产，农药、化学试剂生产；茶叶精制加工；贵重、稀缺、特优矿产开采；汽车拼装；文物收购、销售；珍贵稀有动物的收购、销售等。

国家明令禁止个体工商户经营的商品，主要有珍珠、化肥、农药、农膜、蚕茧、进口旧服装、短缺钢材、棉花、猎枪、气枪、小轿车、松香、内部发行图书以及国家实行指令性计划时管理的商品等。

三、个体工商户的权利

1. 财产所有权和合法收入占有权

我国宪法规定："国家保护公民的合法的收入、储蓄、房屋和其他合法财产的所有权。"国务院明确规定："国家保护个体经营户的正当经营、合法权益和资产。"

2. 生产经营权

个体工商户有在法律允许的范围内自主生产经营的权利。

3. 商标权

个体工商户对自己的生产产品有使用商标的权利，有申请注册商标的权利，可以在法律规定的范围内出卖、转让已注册的商标。

4. 签订合同权

个体工商户在经济活动中有和其他组织、单位、个体签订合同的权利。

5. 字号名称权

个体工商户可以起字号名称，可以在法律规定的范围内转让、出卖字号名称。

6. 名誉权

个体工商户对根据自己的经营作风、产品质量、服务质量、技术才干、职业道德形成的有关经营素质、品德、信誉的社会评价有不可侵犯的权利。

7. 有维护自身合法权益的权利

有抵制不合法的摊派、收费，为保护自身的合法权益而向法院提出诉讼的权利。

四、个体工商户的义务

包括在法律规定范围内守法经营的义务，依法纳税的义务，履行合同的义务，按照国家规定交纳费用的义务，维护消费者利益的义务，有服从国家管理的义务。

第五章　农资农家店的开店运作

经营技术是指开店的硬件，即定时、定量、定位。只要照此办理，农资农家店就可开张、营业、等客上门。经营技术包括店面设计、橱窗设计、农资采购、农资管理、损失发现、损失处理以及农资陈列等。

第一节　店面及橱窗设计技术

一、店面设计

1. 店面设计的重要性

农资农家店的门面无疑就如脸面对于人的形象一样重要。门面设计要求，应该在考虑经营商品和接待顾客特点的情况下，刻意求新，彰显个性，力争让顾客产生好印象。既要有精神上的美感，又要有现实中符合人的要求。

在进行农资农家店门面设计之前，应首先全面了解农资店销售的农资商品名称、种类、规模、特点，尽量与店面外部形式相结合。同时还应了解周围环境、交通状况、建筑物风格，使店面造型与周围环境协调和谐。在设计构思上应深入了解门面装饰的历史和当今国内外门面发展的趋势，从中受到启发，设计出形式新颖、实用、结构合理的店铺门面。设计者必须要有较全面的艺术修养和空间造型创新意识，又要掌握营销与设计技术的技巧，才可能达到合格的农资农家店门面设计标准。

农资农家店店面设计主要包括：立体造型、入口、照明、橱窗、招牌与文字、材质、装饰、绿化技术以及室外地面的规划。

从设计上看，完整店铺门面设计的最终目标：一是通过效果较好的门面设计，达到促销商品顺利，获得利润；二是引导顾客方便出入，安全可靠，展示空间容量；三是提升店铺形象，让人们一见印象很深。

2. 店面外观的3种类型

店铺外观根据经营商品特点和开放程度的不同，通常可以分为以下3种类型。

（1）封闭型：这种类型的店铺，面向大街的一面用橱窗或有色玻璃遮蔽起来，入口尽可能小些。采用这种型式多是一些经营高档商品，如珠宝、影像设备的店铺。它突出了经营贵重商品的特点，设计别致，用料精细、豪华，使进店的顾客具有与众不同的优越感，觉得在这样的商店里买东西很自豪。由于这类商店的接待对象为少数有钱人，所以橱窗设备等不必太突出，要让街上的顾客难以看到店堂内部，提供一个优雅、安静的购物氛围。

（2）半封闭型：店铺入口适中，玻璃明亮，使顾客能看清店内，然后被引入店内。经营化妆品、服装等中高档商品的店铺多采用这种型式。它们的顾客预先都有购买商品的计划，当看到橱窗陈列时，便会径直进入店内进行选购。由此可见，这种店铺的外观的吸引力是至关重要的。

（3）开放型：店铺正对大街的一面全部开放，没有橱窗，顾客出入随便，没有任何障碍。出售食品、水果、蔬菜和小百货等低档日常用品的商店常采用这一形式进行店面处理。在南方实行全开放型的商店多，而北方则少一些，这是由两地不同的气候决定的。农用物资销售商店多采用这种店面。

3. 店铺的招牌设计

（1）招牌的作用：招牌是指用以展示店名的标记。一个优秀的招牌通常有以下几种作用。

一是引导顾客。招牌标志着主要的服务项目或供应范围。如农用物资销售商店、体育用品店铺、时装店铺等。

二是反映经营特色与服务传统。某些经营中药、书画、土特产的商店有着悠久的历史和良好的商业信誉，如老日杂、同仁堂、全聚德等。

三是引起顾客兴趣。如采用各种装饰、名人题字的招牌等一些手段。

四是加强记忆以促传播。一些新崛起的商店为顺应时尚、推陈出新，设计出朗朗上口且不易遗忘的招牌。

(2)命名技巧：通常店铺的招牌除在材料、构图、造型、色彩以及型式上下工夫之外，还应在以下几方面注意店铺的命名。

其一，易读、易记。是对店铺名称的最根本的要求，店铺名只有易读、易记，才能发挥它的识别功能和传播功能。

其二，促使顾客联想。是指店名要有一定的寓意，让顾客能从中得到愉快的联想。如名称为悦园的茶楼，到这个茶楼消费就喜悦，就快乐。

其三，支持标志物。店铺标志物是指店中可被识别但无法用语言表达的部分，如麦当劳大大的黄色"M"标识等。标识物是店铺经营者命名的重要目标，需要与店铺名联系起来一起考虑。当店铺名能够刺激和维持店铺标识物的识别功能时，专卖店的整体效果就加强了。

其四，室外标志物要牢固结实。要经过安全检查，能防止强风吹落伤人，以免引起责任事故。

4. 用店面做宣传

店面广告又称焦点广告，是设置在购物场所周围、入口、内部以及有商品地方的广告。上海、北京、广州、深圳、武汉等大城市的店面广告设计相当精致，各具特色。

(1)店面广告型式：一般把店面广告分为室内店面广告和室外店面广告两种。

①室内店面广告：指经营场所内部的各种广告。诸如店内悬挂着各种印有品牌图案的彩旗，反映商业文化的各式横幅，着时装的模特儿，旋转柜台里展示的种类商品实物，有线广播播送的介绍各种商品的信息，电视录像里反复播放的商品广告，厂家销售人员的现场演示操作等。

②室外店面广告：是相对室内店面广告而言的，泛指商业经营场所门前及附近的一切广告形式，如招牌、店面装潢、广告牌、橱窗设计、霓虹灯等。如在繁华的商业闹市里，最能吸引消费者注意力的便是室外店面广告，因而室外店面广告在设计上更为注重突出经营场所的外部特征，具有鲜明、独特的个性，以引导强化消费者的差别意识，诱发消费者的好奇心。

(2)店面广告的作用及原则：店面广告是店铺开展市场营销活动、赢得竞争优势的利器。一是店面广告是不说话的销售高手。店面广告内容会吸引原未准备购买的顾客,有时会让其感到该商品有价值而作出购买决策。二是广告是顾客购物的引导服务员。它可以帮助顾客购物的宣传单、价格单、海报等配置于店内。这些广告可激发顾客的购买冲动,常有的情况是顾客有时选定商品虽有疑虑,想要问店员却不好意思开口,店面广告会舒缓顾客心情,让顾客以自由自在的心情继续进行购物。三是提升店内的生动气氛,拉近顾客与店方的距离。在店内附上广告卡,逗人发笑,或对商品作拟人的说明,让人感觉到店方热心的说服力。四是唤起顾客的潜在意识。店主虽然可以利用报纸、电视、杂志和广播等媒体将商店形象或产品特点传达给顾客,但当顾客走入店铺时,极有可能将上述信息遗忘,而张贴、悬挂在销售地点的店面广告则可以提醒顾客,唤醒他们对产品的潜在意识,作出购买决策。五是能够配合季节促销。店面广告可以配合一些季节,展开促销活动。每逢春节,商家们总是将商店布置的富丽堂皇,到处流光溢彩,衬托出热闹、欢快的节日气氛,大多数顾客的心情会为之一振,自然想到商店里买点东西。六是塑造店铺形象。店铺经营者可以将农资农家店各种标志等印刷在店面广告上,以塑造富有特色的店铺形象,达到促进销售的目的。

要起到以上作用的店面广告设计决非是轻而易举的,应有自己的鲜明特征。成功的店面广告设计应该遵循下面 3 个原则:一是简练、醒目。店面广告要想在琳琅满目的商品中被引起注意,必须以简洁的风格、新颖的格调、协调的色彩突出自己的特点。二是重视陈列设计。店面广告的设计要注意商品陈列、悬挂以及货架的结构等,加强和渲染购物场所的艺术气氛。三是强调现场效果。由于店面广告具有直销的特点,设计者必须深入实地了解店铺的内部经营环境,研究经营商品的特色,以求设计出最能打动顾客的店面广告。

二、橱窗设计

1. 橱窗的作用和类型

(1)橱窗的作用:橱窗是以商品为主体,通过背景衬托并配合各种艺术效果,进行农资品种、性能、规格介绍和宣传的综合艺术形式。一个主题鲜明、风格独特、色调和谐的农资销售橱窗，如果能与店面的整体风格协调，能起到改善商店整体形象的作用。橱窗对顾客购买过程往往会产生下述促进作用：一是激发购买的兴趣。橱窗把精选的重要商品摆在显眼的地方，不但能给顾客一个经营项目的整体形象，还能给顾客以新鲜感和亲切感，引起他们对店面的注意和需求的兴趣。二是促进购买欲望。橱窗的装饰美术、民族风格的时代气息，不但使顾客对商品有一个很好印象，还会引起他们对事物的美好遐想，进而促进购买欲望。三是增强购买信心。橱窗直接或间接地反映农资的质量可靠、价格合理、明码标价等，不但可以提高顾客选购农资的积极性，还可以增强购买的信心，从而使其及早作出购买决策。

(2)橱窗类型：

①综合式：即将许多不相关的农资综合陈列在一个橱窗，以组成一个完整的橱窗广告。这种橱窗陈列由于农资之间差异较大，设计时一定要谨慎，不要使之杂乱无序。综合式陈列方法主要有 3 种，即横向排列、纵向排列和以单元陈列。

②系统式：有的农资店橱窗面积较大，可以按照农资的不同标准组合陈列在一个橱窗内。具体分为 4 种，即同质同类农资橱窗、同质不同类农资橱窗、同类不同质农资橱窗以及不同质也不同类橱窗。

③专题式：它以一个广告专题为中心，围绕某一特定的事件，组织不同类型的商品进行陈列，向顾客传送一个主题，如优良品种陈列、生物肥料陈列等。它多以一个特定环境、特定事件为中心，把有关商品组合陈列在一个橱窗，又可分为节日陈列、场景陈列与事件陈列 3 种。

④特写式：它运用不同的艺术形式和处理方法，在一个橱窗内集中介绍某种产品，适用于新产品、特色商品广告宣传。主要有单一品种及商品模型特写陈列。

⑤季节性：它是一种根据季节变化把应季商品集中进行陈列的方法，满足顾客应季购买的心理特点，有利于扩大销售。

2. 橱窗的设备

建立橱窗的第一步就是保证它有足够的光源，因此，玻璃高度通常应在 2 米左右，宽度在 1.5 米以上，深度为 0.5 米，不过也要视城市大小、街道宽窄而有所不同。乡级农资农家店因街道较宽，建筑条件较好，橱窗可低一些，但村级农资农家店就应高一些。

橱窗建立后应注意防护。通常应注意防日晒与防结冰两种设备的配置。防日晒一般是在临街的外橱窗上设置遮蔽日光的帆布棚，为不妨碍行人走路和保证行人安全，通常应高出窗外街道2米以上。防结冰即为了预防冬季橱窗结冰而妨碍顾客观看，方法是在橱窗外框的上下方钻一些小孔，橱窗在屋内的一面应用木板隔开，以免热气流入橱窗造成橱窗玻璃上结冰。

灯光设备也是橱窗设备的重要组成部分。一个照明良好的橱窗，对于吸引顾客、帮助广告宣传常常会收到良好的效果；相反，效果则往往较差。如果橱窗里安装了日光灯，又没有遮蔽，这样顾客所看见的不会是陈列商品，而是刺眼的灯光，这就影响了顾客的注意力。

橱窗还必须有一些陈列用具，可使商品更加美丽、新颖、动人。陈列用具的种类、功能、样式都有区别。

(1)背幕:它又分固定背幕与活动背幕两种。固定背幕就是原来所设的背板，一般橱窗都尽量利用这种原来背幕，特别是光线不足的商店。活动背幕其存在型式就是布景、图画、屏风等。

(2)小型支架:这是陈列菜籽、瓜子、肥料样品以及农机零件的用具，可用镀镍金属制成。

(3)托板:用以陈列粮食、油料、经济作物种子等的用具，可用玻璃、有机玻璃及木板制成。

3. 如何开展橱窗陈列工作

(1)构思:构思影响着橱窗陈列的全面效果，应该充分考虑与商品相联系的各个方面，既要结合广告设计原则慎重加以考虑，又要善于想象，塑造一个比较好的主题。

(2)构图:这一步是整个橱窗陈列设计成熟的体现，是商品组合、配置和安放艺术的表现手法，是橱窗陈列工作的中心环节。对构图的要求是均衡和谐、层次鲜明、疏密有致，并可以形成一个统一的整体，从而给顾客以美感。

(3)陈列的准备:构图确定后，布置人员根据陈列图样预先准备陈列用具，然后借取商品样本，制作价格标签、说明牌；美术人员则根据图样制作文字图画。

(4)具体布置：准备妥当后即可将橱窗玻璃、用具及商品揩拭干净，并依照图样按次序先后摆列，再放置每件商品的价格标签和说明牌，然后布置背幕式图画。

(5)管理：橱窗建立后，应指定专人负责管理。每次更换时要清扫一遍，以保持橱窗内的清洁。橱窗玻璃应经常擦拭，保持干净明亮。

4. 让橱窗更富艺术气息

由于店面要吸引某一特定的顾客群，因此，更要注重店面广告的设计。将橱窗设计得更富艺术气息，突出店面与众不同，无疑是有效吸引顾客的一条捷径。橱窗设计无非就是从有限的空间变幻出无限的效果，而这种变幻首先是空间的拓展，打破了传统的、一成不变的、封闭状态的三维空间。譬如，采用开放式橱窗的格局。这种橱窗辟出有一定纵深的展示空间，布置得简洁明快，晶莹亮丽。与传统橱窗不同，它将作为背景的那块挡板撤掉，于是橱窗空间的创意也就诞生了，从外面望进去，橱窗中的农机、农具和店中的营业场景构成了一幅生动的画面，静中有动，动中有静。

如果从艺术上划分，橱窗创意有两大模式：主题橱窗和情调橱窗。如四季的变幻，当冬季还没有从城市消失时，有的橱窗便亮出了“春播”的主题。设计者的构思是极富想象力的，将绿色作为色彩元素，将原木作为造型元素，整个构图大胆突出北京最常见的条凳，而条凳则被斜向地嵌入背景墙中，且从中冒出一簇簇生意盎然的绿叶，把瓜、果、菜衬出来，浪漫的春天气息扑面而来。

环保、自然、休闲成为当今时尚的主题。绿色、黄色由于接近自然而被广泛运用，简约、朴素的模特不仅为橱窗展品更换提高了效率，同时为消费者提供了更广阔的想象空间。家庭起居式的橱窗布置，庭院式的桌椅、遮阳伞，甚至除草、修理栅栏的工具都成为橱窗设计利用的材料。一位橱窗设计者曾把半棵树干搬进店铺，使人们意识到关心人类的命运更超过自身的利益，这样的橱窗主题也更显得别出心裁，让人驻足深思。

情调式橱窗更耐人寻味。如果说主题式橱窗在展示艺术魅力之时，还透露出商品信息的话，那么情调式橱窗在展示艺术魅力时，则更倾向于抽象风格，尤其是店铺，适于显示品牌的个性。一些精品店毫不迟疑地亮出橱窗格局新思维，不再是硬性的堆砌商品，而是从容不迫、气派不凡地展示“空白”艺术。有一家时装店，通常是在一个橱窗内安排 3/5 的空白，仅仅象征性地挂出一套时装，而背景中通常是环保风格的意象性场景，沙子、砾石、红豆、布袋，摆设越少，越有韵味，真所谓淡极始知花更艳。

从某种意义上说，橱窗的天地是无限的，它容纳了时间和空间，容纳了精品与艺术，容纳了境界与追求，一个经典的橱窗将使你的店铺陡然提升一个层次。

第二节　店内设计技术

农资农家店主体就在于内部，而且商品展示效果以及服务效率等均与店铺内部设计与布置是否合理有关，包括布局设计、商品陈列等。

一、店内布局原则

店内布局一般要根据店铺的类型、员工数量、经营品种、季节和业务发展变化等，进行合理布置。要求是能方便商品的搬运、保管，充分发挥各种设备的使用效能；便于员工提高服务效率；最大限度地便于顾客购物。总之，合理的店内布局设计应依据下面几个原则。

1. 明显反映本店经营农资的特点

农资农家店营销员要合理分布商品，特别是靠店门一侧是顾客出入最频繁的地方，应把农资布置得琳琅满目、丰富多彩，使之可以启发顾客的需要，便于顾客购买。

2. 便于顾客选购

农资农家店营销员应把销售数量大、大众化、价格较低、绚丽多彩的农资布置在当门的柜台，把品种复杂、需要细选的商品设置在商店深处，把消费上有连带性的农资种类邻近设置、互相衔接，给顾客提供购买与选择农资的便利条件。

3. 适应农资特性

例如，将需要鉴别色泽的农资，尽量选择布置在自然光线充足的地点。如需要当场试用的农资，其出售农资部位应与服务设施地点邻接，便于顾客试用或安装。

4. 有足够的顾客活动空间

有些农资需要实地表演和操作，因此，要留出实地表演和操作的空间，如小型农机具销售，经常要进行现场表演或操作示范，一般放在后院的棚子里。

5. 要能使顾客平均分散开来

农资农家店营销员应根据商店规模、交易次数以及季节变化和业务规律，合理分配农资摆放位置，以便顾客进入商店后能平均分散开来，避免“忙闲不均”现象。

但是，店内布局也并非固定不变，通常要根据季节变化、节日活动、经营范围和农资结构变化等因素做适当调整。要常换常新，经常保持新颖格局。在调整的部分中，也应注意符合上述原则。

二、店内布置类型

1. 沿墙式

即柜台、货架等设备沿墙布置。由于墙面大多为直线，所以柜架也呈直线布置。这是基本的普遍的设计形式。采取这种布置方式，售货柜台较长，能够陈列储备较多的农资，有利于减少店员、节省人力，便于店员互相协作，并有利于安全管理。

2. 岛屿式

即柜台以岛状分布，用柜台围成闭合式，中央设置货架，可布置成正方形、长方形、圆形、三角形等多种形式。岛屿式布置一般用于出售体积较小的农资种类。它可以充分利用营业面积，在保证顾客流动占用面积的前提下，布置更多的售货工作现场，采取不同的岛屿形状装饰和美化营业场所。岛屿式布置的柜台周边较长，陈列农资较多，便于顾客观赏、选购，视觉开阔。由于岛屿售货现场与辅助业务场所隔离，缺点是不便于在营业时间内临时补充农资，同时存货面积有限，不能储备较多的农资，增加了续货补货的劳动量。

3. 斜角式

即将柜台、货架等设备与营业场所的柱网呈斜角布置。斜角布置能将室内视距拉长而造成更为深远的效果，使室内既有变化又有明显的规律性，从而使营业场所获得良好的视觉效果。

4. 陈列式

即把工作现场敞开布置，形成一个农资展览陈列出售的营业场所，店员与顾客没有严格界限，在同一面积内活动。它利用不同造型的陈列设备，使厅内气氛活泼。特点是便于顾客参观选购农资，充分利用营业面积，疏散客流量，也有利于提高服务质量，是一种比较先进的设计形式，为越来越多的店铺经营者所采用。

营业场所的布置，应随着销售方式的改变而不同。目前店铺多采用隔绝式和敞开式销售。隔绝式是用柜台将顾客与店员隔开，顾客不能进入销售工作现场，农资须由店员交付顾客，便于农资的管理。但由于顾客不能直接接触农资，不便于广泛、自然地参观选购，同时增加了店员的劳动强度。一般适用于易污损、技术构造复杂的农资。敞开式是将农资展放在售货现场的框架上，允许顾客直接挑选农资，店员工作现场与顾客活动场地合为一体。这种销售方式迎合新的购物理念，顾客自行挑选，从而提高售货效率和服务质量。但采用这种售货形式必须加强农资管理和安全工作，店员应随时整理农资，保持陈列整齐。

三、店内顾客通道设计

顾客通道的设计科学与否，直接决定着店内顾客流动是否合理。通常顾客在商店售货场所之间的通道，宽度不能低于 80 厘米。关于店员的通道，在农资混杂的地方，特别是墙壁和柜台之间，也必须有 40 厘米宽的通道。如果顾客通道能达到 150 厘米宽，那就更好了。

1. 直线式

是一种将货架与通道平行摆放，并且有同样宽度的顾客通道形式。这种通道的优点是：布局规范，顾客易于寻找货位地点；通道根据顾客流量设计，宽度一致，能够充分利用场地面积；能够创造一种富有效率的气氛；易于采用标准化陈列货架；便于快速结算。其缺点是：容易形成一种冷淡的气氛，特别是在营业员犀利目光观察之下，更加使人手足无措，限制了顾客自由浏览，只想尽快离开商店。

2. 斜线式

一种与直线式布局相对的一种通道形式。这种形式顾客随意浏览，气氛活跃，易使顾客看到更多农资，增加购买机会；缺点在于不能充分利用场地面积。

3. 自由流动式

这种顾客通道呈不规则路线分布，货位布局灵活。这种通道便于顾客自由浏览，不会产生急迫感，顾客可以随意穿行于各个货架或柜台。缺点是顾客难以寻找出口，易导致顾客在店内停留时间过长，不便分散客流；这种通道还浪费场地面积，不便管理。

店内的空间布局复杂多样，经营者可根据实际选择设计。一般的思路是先确定大体的板块，诸如营业员空间、顾客空间和商品空间各占多大比例，划分区域，而后再进行具体设计。

第三节　货源组织技术

一、农资采购

农资农家店营销员必须认识到，农资采购作为业务经营活动的初始环节，同销售一样，有很大学问并且同样重要。通过农资采购，组织适销对路的农资，商品周转就快，资金占压就少，销售就会充满活力。反之，农资采购搞得不好，不能组织适销对路农资，商品周转就慢，资金占压就多，库存结构就不合理，销售农资就会缺货断档。因此，采购到好的农资，也就意味着完成了一半销售工作。所以，农资农家店营销员必须了解和掌握农资采购的原则、方法和技巧，实施一整套有计划的采购步骤。

1. 采购农资的原则与渠道

良好的农资采购环节很重要，而坚持原则又是采购环节得以顺利进行的基础。

(1)勤进快销的原则:勤进快销是加速资金周转、避免农资积压的重要条件,也是促进经营发展的重要措施。农资商店必须力争以较少的资金占用、经营多而全的品种,加速农资周转,做活生意。当然,也并非越勤越好,还必须考虑商店的条件以及农资的特点、货源状态、进货方式等多种因素。

(2)诚实守信的原则:农资商店在采购活动中要信守合同、诚实守信,保证合同的合法性、严肃性、有效性,更好地发挥经济合同在经营中的作用,树立良好形象,协调好农资专卖店与各有关群众之间的相互关系,使得农资商店购销顺利开展。

(3)以需定进的原则:就是根据市场需求情况来决定进货,保证购进的农资适合顾客的需要,能够尽快销售出去,避免盲目采购而导致货物积压。

农资农家店营销员为确保进货及时畅通,农资品种丰富多彩,必须广开货源渠道。一方面,建立固定的进货渠道和固定的购销业务关系,这是农资商店经营中经常采用的办法,因为彼此了解情况,有利于互相信赖和支持。另一方面,店方在保持固定进货渠道的同时,要注意开辟新的进货点,以保持进货渠道的多样性,从而防止各种风险。通常农资商店的进货渠道主要有3条:从厂商处直接进货,从批发商处进货,采取代理或供销农资。

综上所述,在农资日益丰富、货源比较充足的今天,农资商店采购农资选择供货渠道时,要考虑3条因素:一是供货单位所提供的农资在品种、数量、标准、规格、质量方面的情况;二是供货单位的信誉情况,如生产是否正常、质量是否可靠、货价是否相称以及合同履行情况等;三是供货单位的其他条件,如路途的远近、交通运输工具、运输路线、运输费用等。总之,采购决策要以经济效益为标准,运用科学的决策分析方法,进行综合比较,进而在众多的供货单位中找出最佳者,实现采购活动的效益最优。

2. 采购农资的组织与管理

农资农家店营销员进行农资采购时,必须组织精干的采购人员,强调采购的计划性，坚持以需定进原则，并加强对采购合同的管理、验收及在途管理。

（1）采购人员：一是有较丰富的农用物资管理知识，熟悉农资的品种、规格、性能、用途、价格、质量；二是掌握市场信息，具有商业灵敏性；三是熟悉本店情况，对本店的经营方针与目标、经营性质与特点，以及在同行业中的地位、营销策略等，应当十分熟悉；四是头脑清醒，善于思考，熟悉竞争，善于谈判，有较强的合同文书写作能力；五是了解消费需求动向及价格变化趋向；六是了解厂家对农资保修、维修和售后服务的情况。

（2）采购计划：农资商店要根据农资流转计划的要求，定期编制进货计划或要货单。其编制必须建立在了解市场需要和商品货源情况的基础上，结合农资库存动态，分别提出具体品种、规格、标准、质量、数量、生产厂家及进货日期、控制金额等详细资料，并且经过统一平衡后，决定农资采购的种类与数量。

（3）以需定进：加强进销结合，并及时沟通农资产供情况，这是做好采购工作的重要关键。农资店经营应当采取各种有效措施，组织做好个各方面的工作，规定必要的工作联系制度。

（4）采购合同：农资农家店必须加强采购合同的集中管理，必要时聘请法律顾问。签订采购合同应符合合同法的规定。合同内容包括合同双方名称，农资的名称、规格、数量、价格、包装、交货日期和地点，农资运输方式，农资验收、结算办法，违约罚则，有效期限等。

（5）验收管理：农资验收也是加强农资管理的重要环节。有了验收管理，农资农家店可以防止财产损失，减少或者消灭差错事故的发生。反之，则往往会造成差错事故、财产损失，质量低劣的商品流到顾客手中，损害其利益，败坏农资农家店的形象。所以，农资农家店务必要把好商品验收这一关，使农资在质量、数量等方面都不发生差错。

（6）在途管理：农资采购活动中的在途管理也很重要。合理组织农资运输，可以缩短待运时间和在途时间，节约农资流通费用，降低物流过程中的损耗，加速农资周转，保证经营活动顺利进行，从而提高经济效益。

3. 农资货源组织技巧

（1）掌握最新、最准确的信息：农资采购员通过以下调查方法来获取市场的信息。一是选择一批有代表性的居民户，作为长期联系对象。制作工作手册，有意识地把顾客对农资的反映意见记录下来，然后把这些意见系统整理，反映给有关部门。二是建立缺货登记簿，即对顾客需要但没有货的农资进行登记，并以此作为进货和要货的依据之一。三是设立顾客意见簿。经营者应勤于检查顾客意见簿，发现和抓住一些倾向性的问题，及时改进，从而不断提高管理水平。四是通过科学的市场预测方法来确定市场对于农资数量、质量、品种、价格等方面的需求，从而采购适销对路的农用物资，避免库存积压造成损失，更好地提高经济效益。

(2)培养采购人员对市场行情的判断力：如果采购人员能够比竞争对手更早发现具有市场潜力的农资商品或价廉物美的商品，并能确保采购到这些商品，这将是对农资农家店增加利润的一大贡献。通常对市场行情的判断，包括看穿市场潜力的眼光，应用什么方式可以销售什么商品的判断力。优秀的采购人员必须兼具这两种能力，才能提高采购水平。

(3)掌握现场实务经验：采购人员不单纯只是采购实销对路的农资，还要尽可能在短期间内累积足够的现场实务经验，以增加正确判断的准确率。

(4)选择几家供应商做比较：为了取得最合理的价格和最优质的产品，可以请数家供应商先报价，加以比较，进而从中挑选在各方面都比较适合的农资。

(5)不可透露采购预算：要让供应商摸不到农资采购的底细。因为预算被知道以后，供应商一定会开出与预算相近的金额，这样就被动了，无法取得比预算更优越的条件。

(6)付款后再进货：这对于获得利息有极大的帮助，特别是对于中小型农资农家店而言。

(7)不要落入杀价圈套：有些采购人员无论如何交易，只会杀价，而没有考虑其他交易条件。供应商知道采购有此惯例，必会去提高价格等候采购人员杀价。为此，农资采购员应洞悉市场行情，掌握商品知识，擅长分析成本。

(8)实现与供应商双赢：与供应商双赢的理念是非常重要的。假如凡事只顾及自己的农资店，其他一概不管，那供应商亦会与农资采购员只保持泛泛之交的关系。假如不提供给对方好处,则自己也难取得对方的回馈。唯有贯彻双赢的理念,对于彼此的发展才会有很大的助益。

(9)与供应商保持良好默契:这是双赢理念的延伸,对于彼此的文化、行事习惯、交易条件等,也都培养出默契,进而使得双方增加业务效率,减少精力和时间的浪费。

(10)灵活运用供应厂商:要运用供应厂商,就要先了解供应厂商,在了解了其特征之后,依据其特色,看出其可在哪一方面对自己有所帮助。

二、农资管理

1. 农资的存货管理

(1)农资存货的有效控制:存货问题对于每个农资农家店经营者来说,通常都会碰到,但一直缺少规划控制的一环,农资农家店可以从商品周转期(商品从进货到卖出的时间)、商品订购前置时间(从订货到进货时间)来规划安全存量。以平均每日销售量和订购前置时间,便可估算出安全存量,再视缺货情形和淡旺季做调整,这是简化的计算过程。

此外,农资农家店也可以从周转率来控制存货。一般来说,若农资毛利低、周转快,则需要较高的周转率;若农资毛利高、周转慢,周转率的标准比较低。一般高周转率的业务,如种子、化肥、农药,周转率在2.5%~3%;低周转率的业务,如农机、农具,则在0.5%~1%。

(2)有关农资的存量控制:只要遵守农资管理规则,再加谨慎处理即可。农资农家店应尽量避免将纸箱积存一起,或不打开纸箱就不知道装的是什么,或是不能确定东西在何处。仓库也和营业场所一样,要整理得有条不紊,以方便管理。

农资农家店营销员要意识到,农资卖不出去就是损失,因此每天工作中要小心谨慎,同时要细心地做好询品的整理排列,提早做处理,寻求降价的原因。

(3)预计农资卖光的时间:在农资销售场所的销售人员要预计某种农资某日会卖光,此时要事先选定别的农资替补,避免丧失时机;销售人员不可先入为主认定商品卖不出去,要尽力推销它。总之,经营者要强化与厂商的关系,有积压时要极力地争取退货或交换;尽量减少库存,并能适时地追加农资。

2. 农资的盘点

盘点就是要盘查账簿上所记载的库存农资与实际农资之间数字是否吻合。农资农家店做好盘点工作，是加强农资管理的重要环节。农资农家店经过每日的营业，在农资大量进货及销售的过程中，账面上的存货金额与实际的存货金额往往会产生不一致的现象，通过盘点才能知道金额的差异，确定一定时期内农资销售数量，才能弄清盘缺的具体产品与数目，从而保证使账面与实际存货金额一致。最好每月盘点一次，如无可能，至少也要每个季度盘点一次。

以时间为标准，盘点分为定期盘点与临时盘点两种。前者包括年、季、月、日的商品盘点。临时盘点则在调价格、改变供应办法、人员调动或发生其他变故时，对全部商品或一部分商品进行盘点，确定库存实际数额。

3. 农资的贮存管理

（1）暂时保管：采购的农资不可能全部陈列在营业场所，部分需暂时保管。贮存管理的特征是将各项农资分类整理，使管理清楚，还要减少损失。其原则是农资必须分类清楚。勿在指定的场所外放置农资；勿直接放在地上，避免潮湿；勿放置在仓库的通道上。

（2）农资贮存形式：一是周转性贮存，以保证农资销售连续不断地进行；二是季节性贮存，为了保证季节性销售的需要进行的贮存；三是专用性农资贮存，为了应付市场销售的特殊变化而贮存的。在这 3 种形式中，最基本的是周转性贮存。

（3）及时了解库存情况：农资农家店要及时分析哪些农资适销对路，哪些是逾量贮存的，哪些是滞销的，哪些是残次变质的。要按类、按品种经常分析，从而根据不同情况采取不同的对策。掌握情况的方法可以是建立健全统计报表制度，或经常深入仓库实地察看，或询问或召开有关保管、业务人员座谈会，汇报反映库存情况。

（4）影响农资贮存量的主要因素：有农资再生产的周期，农资流量的大小，农资产、销距离的远近，农资本身的特点以及店铺贮存的物质技术条件。因此，农资贮存的合理时间必须以条件所能允许的时间为限度，尽最大可能减少损耗，保证农资质量。

第四节　农资销售方式

农资农家店农资销售方式是店面广告的一个重要形式，销售人员工作效率、服务质量等与农资的销售方式也有相当密切的联系，因此，农资销售方式在一定程度上决定着店铺的销售情况。

一、农资销售方式设计原则

1. 显眼

所谓显眼即农资农家店为使“最想卖的商品”容易卖出，尽量将它设置于显眼的地点及高度，也可称为有效陈列。

在进行显眼陈列时，必先考虑农资及其购买频率，对于想要出售的农资，尽量选择能引人注目的场所陈列。即使在同样的场所，这些被称为黄金线上的农资品，在有效陈列范围中也要集中展示于最显眼的高度上，并在陈列方式上下点工夫。

2. 易选择和拿取

易选择就是店内的农资以客人容易选择的方式陈列，除特别商品以外，都尽量陈列于易拿取的地方。因此，要在考虑农资的关联性之后再进行分类陈列。各种农资销售的规模、行业及方针的不同，也会导致分类的方法及场所的不同。首先应以大分类方式将农资品分类，其次按照它的用途和农资生产部门分类，最后是以价格和设计的方式分类。像这样将农资明确地分类之后，再集合展示的陈列方法，不只带给顾客便利，对于店铺本身更提高了管理商品的效率。易拿取就是在显眼的有效陈列范围内，将畅销农资及当前推销农资适当地陈列在高效率位置展示。

3. 提高新鲜度

就是使顾客感觉到农资的丰富性及活泼的陈列。顾客在购买农资时，都喜欢从多种类、多数量中选择，以获得购物的满足感。但是，为此就将大量农资放在手边，反而会造成顾客反复选择，甚至会对农资造成污损。因此,即使少量的农资,只要陈列得法,也能使顾客感到很丰富。农资农家店营销员应熟练地运用辅助工具将农资立体地陈列起来,借助装饰物使农资生动化,活用拍卖时的海报传单,均可以提高商品的新鲜度。

二、农资销售方式设计方法

1. 主题陈列

是给农资陈列设置一个主题的陈列方法。主题应经常变换,以适应季节或特殊事件的需要。它能使农资农家店创造一个独特的气氛,吸引顾客的注意力,进而销售农资。

2. 整体陈列

是将整套农资完整地向顾客展示的陈列方法。比如将联合收割机作为一个整体,完整地进行陈列。整体陈列形式能为顾客作整体设想,便于顾客购买,容易为顾客接受。

3. 整齐陈列

按货架的尺寸和商品长、宽、高将农资品整齐的排列,会给顾客一种刺激。所以,整齐陈列的农资品通常是农资农家店想大量推销给顾客的农资,或因季节性因素顾客购买量大、购买频率高的农资等。运用整齐陈列法时,有时会有不易拿取的缺点,农资农家店营销员应该根据顾客意愿做出调整。

4. 随机陈列

是将农资随机堆积的方法。它主要是适用于陈列特价农资品,给顾客一种“特卖品即为便宜品”的印象。采用随机陈列法所使用的陈列用具,一般是圆形或四角形的网状筐,另外还要带有表示特价销售的牌子。

5. 盘式陈列

它实际上是整齐陈列的变化,表现的也是量感,但是将装农资的纸箱底部作盘状切开后留下来,然后以盘为单位堆积上去,这样可以加快农资陈列的速度,只在上面作盘式陈列,而下面则不打开包装箱,整箱地陈列上去。

6. 定位陈列

指某些农资一经确定了位置陈列后,一般不再变动。需定位陈列的农资是顾客经常使用的优良农资品，顾客购买这些农资频率高、购买量大，所以需要对这些农资给予固定的位置来陈列，以方便顾客尤其是老顾客购买。

三、农资销售方式的艺术管理

1. 关联陈列

指将不同种类但互相补充的农资陈列在一起。运用农资之间的互补性，可以使顾客在购买某农资后，也顺便购买旁边的农资。它可以使农资农家店的整体陈列多样化，也增加了顾客购买商品的概率。它的运用原则是农资须互补，首先要打破农资种类间的区别，表现顾客实际需求。

2. 比较陈列

指将相同农资按不同规格和数量分类，然后陈列在一起。它的目的是促使顾客更多地购买农资。利用不同规格包装的农资之间的价格上的差异来刺激消费者的购买欲望，促使其看中廉价而作出购买决策。

3. 岛式陈列

是在店铺入口处，放置中部或底部不设置中央陈列架，而配置特殊陈列用的展台。它可以使顾客从 4 个方向观看到陈列的农资。岛式陈列的用具较多，常用的有平台式大型的网状货筐。岛式陈列的用具不能过高，否则不但会影响整个店铺的空间视野，还会影响顾客从 4 个方向对岛式陈列农资的透视度。

第五节　价格管理

农资农家店营销员在经营农资过程中，要十分注意和重视价格管理，尤其是对农资的零售价格和批发价格的制定。

一、定价管理目标

价格是农资价值的货币表现。农资的零售价格和批发价格的制定，必须根据农资经营目标考虑。根据实际经验，农资的零售价格和批发价格制定的管理目标有以下几种。

1. 获得经营利润

经营利润是农资农家店营销员经营成果的标志，是农资农家店能够保持竞争优势地位的关键。农资定价要适当，定价太高，农资卖不出去，经营利润无法获得；定价太低，不能满足各项付出，利润目标不能实现，对发展不利，甚至亏本而无法经营。

2. 保持稳定的价格

从长远的利益考虑定价目标，为长期经营某种农资如种子，制定价格时，就要考虑稳定占领种子市场，以求在稳定价格中取得合理的利润。因此，保持稳定的价格非常必要。

3. 谋求市场占有率

农资市场占有率指农资农家店的某种农资（如饲料）销售量占市场同类农资销售总量的比例。农资农家店从市场占有率目标为出发点制定价格，是以农资农家店经营情况和竞争能力为保障的。这是农资农家店定价管理的重要措施。

二、农资定价方法

1. 产地农资零售价格

指当地生产当地销售的农用物资。一般不经过批发环节，由农资农家店边收购边销售，供应生产企业或者农户。定价计算公式为：

产地农资零售价格 = 产地收购价格 ×（1 + 购零差率）

2. 销地农资零售价格

销地农资零售一般要经过批发运销环节，最后由农资店零售给农业生产企业或者农户。销地农资零售价格计算公式为：

销地农资零售价格 = 销地批发价格 ×（1 + 批零差率）

另外，同种农资价格的制定，还要根据地区具体情况以及季节差别，分别制定地区差价和季节差价。

3. 产地农资批发价格

产地农资批发价格一般由上级规定的购零差率计算。其公式为：

产地农资批发价格 = 产地收购价格 ×（1 + 购零差率）

也可以从产地农资零售价格倒推出产地农资批发价格。计算公式为：

产地农资批发价格＝零售价格÷(1＋批零差率)

4. 销地农资批发价格

销地农资批发价格是农业生产企业或者农户由中转地农资公司进货的价格。计算公式为：

销地农资批发价格＝(产地进货价格＋运输费用)×(1＋综合差率)

三、农资连锁价格

按照国家商业部的文件精神，在“万村千乡”市场工程实施中，对农资农家店采取连锁经营，那么乡村两级农资农家店可以采取农资连锁制定统一价格。

第六节　农资损失的处理

早发现农资损失，迅速采取对策，是减少损失的方法。可是，要发现损失并不是一件很容易的事。农资的损失，不是像水果店发现水果腐烂一样，用眼睛就可以看得见，而是损失到一定的时间、一定的数量，或遇某种巧合的机会，才会被发现。其他像计算上的错误所导致的损失也不少。容易造成农资损失的地方到底在哪里呢？可按照进货、陈列、出售的顺序来探寻发生损失的情形。

一、进货阶段的农资损失及防止方法

(1)进货传票造成的损失。包括进货传票与农资的实际数量有出入。用电话订货的时候，很容易发生进货传票记载的农资种类、数量与所送货品不同的现象。特别是向批发商订货时，发生品牌和大包装、小包装容量或重量的错误，以至价款与实际货物不符；没有验收或验收不够确切造成的商品损失。

(2)农资进货无验收的损失。在生意繁忙的时候，农资被搬入橱柜

或仓库，无法分身把数量和订货内容规格仔细验收核对，也是造成损失的原因。由于没有检验质量、数量就拨入库存，等到要出货或商店的货源须要递补时，就直接从库中取出来卖，这时也可能发生短损、污损等现象。

(3)农资进货记账上的损失。纵然进货传票记载无误，商品的验收正确，可是若把它转记大账簿时，由于记载的失误，也有可能造成农资的损失。

(4)仓储场所不良造成的商品损失。由于仓库等保管场所不良所引起的损失也不少。特别值得注意的，是光线的照射、水的浸蚀、虫害、变质、防火不良、破裂等而造成货物腐坏的损失。由于堆积方式欠妥，使得被压在下层的货物损坏而失去商品价值的存在。仓库中的通路如果不良，照明不够，也很容易使店员在仓促搬货时摔破货物，造成损失。

进货阶段对于商品损失的早期发现和防止方法：一是进货的商品和进货的传票一定要核对清楚(特别是数量、单价、订货的单位等都要认真核对)。二是一定要做检验工作。三是仓库应该随商品的不同而有不同的设置。农资种类多的时候，应该做棚架，把轻的东西和重的东西分别配置，重的东西放下面，轻的东西放上面。四是与进货传票有关的记账，一定要核对。五是仓库中的通路要尽可能地留出来。六是怕日光照射的农资品，在保存的时候，应该避免日光直射；怕潮湿的农资品应该避免受潮。

二、陈列阶段的农资损失及防止方法

陈列阶段，造成农资品损失的主要原因有下列几点。

(1)遭到诈骗或盗窃所招致的农资品损失。

(2)仓库温度管理不良所引起的农资品损失。由于温度管理不良，使农资品平白的损失。特别是开放型的冷冻库，由于风的强弱变化，而引起温度的上升，冷冻库的冷冻机失灵。

(3)器具使用管理不良所引起的农资品损失。

(4)陈列场所不良引起农资的损失。陈列场所不良引起的商品损失情况很多，如有些店面太阳西晒，有变质、变色之虞。

陈列阶段对于农资品损失的早期发现和防止方法：一是把农资品陈列在儿童不能摸到的地方。二是禁止猫狗入店。三是为了防止盗窃、欺诈、顺手牵羊等行为，必要时可设置电网、防盗器、闭路电视或在商品上做暗号等。四是冷冻库或冷藏库的温度要多加注意。如果是开放型的冷冻或冷藏库的话，上面最好不要有风（空调设备的风、冷气机的风）通过，因为这样会使冷冻库或冷藏库的温度不稳定。

三、出售阶段的农资损失及防止方法

出售阶段，造成农资品损失的主要原因有下列几点。

（1）卖错价钱造成的农资品损失。有时候损失很小，如果是较贵重的农资品，损失就很大。

（2）计量错误所造成的农资品损失。如包装纸使用的错误、量器的失灵、量法的错误，均会造成商品的损失。

（3）付账或收账的错误，也会造成商品的损失。

出卖阶段对于商品损失的早期发现和防止方法：一是避免卖错价钱，最好把价钱口述一遍。二是避免顾客弄错价钱，商品一定要标价。三是避免计量上的错误，把重量数值读出来。四是不要使用不实用的计量器。五是在商品上贴标签时，应该把商品的重量、价格核对一下。

假如能够在进货、陈列、出售的各阶段，做好上述的核对或注意事项，应能够在早期发现、防止商品损失方面，达到某个限度的绩效。不过，要做到使商品完全没有损失，似乎是非常难以办到的。虽然商品损失是势在难免，但是，经过努力使商品损失率降低，却是可行的。

四、农资商品污损的处理

农资商品有了污损，或过期农资却还保留有几分农资商品价值的时候，可以减价抛售，但还是以不卖为上策。这不仅是唯恐商店的印象遭到破坏，也是遵守商业道德的要求。倘若要出售，一定要清楚地标明农资品的污损情况。如过期的种子，就要标明。过期的种子发芽力不高，但还可以转为食品或加工制品。最好还是在店主、店员或亲朋好友间处理解决较妥。